북유럽 모던 인테리어

엘리자베스 윌하이드 지음 | 이지민 옮김

스칸디나비아 스타일로 꾸미는 꼭 한번 살아 보고 싶은 집

SCANDINAVIAN
MODERN HOME

SIGONGART

| 일러두기 |

옮긴이주는 *로 표시했다.

인명 및 지명 등은 외래어표기법을 따르되, 일부는 통용되는 방식으로 표기했다.

SCANDINAVIAN MODERN HOME by Elizabeth Wilhide
First Published in the United Kingdom by Quadrille Publishing Limited in 2008
Copyright © 2008 by Elizabeth Wilhide
All rights reserved.

Korean Translation Copyright © 2016 by Sigongsa Co., Ltd.
This Korean translation edition is published by arrangement with Quadrille Publishing Limited through Amo Agency.

이 책의 한국어판 저작권은 AMO 에이전시를 통해 Quadrille Publishing Limited와 독점 계약한 ㈜시공사에 있습니다.
저작권법에 의해 한국 내에서 보호를 받는 저작물이므로 무단 전재와 무단 복제를 금합니다.

p.63 상단, p.64, p.65의 사진 저작권은 Marimekko에 있습니다.
Copyright © 2008 Marimekko Corporation. All rights reserved.

p.120, p.122 하단, p.123 하단의 사진 저작권은 PPMøbler에 있습니다.
Copyright © 2008 PPMøblerwww.pp.dk. All rights reserved.

차례

들어가며 7

1. 북유럽 디자인은 생활을 위한 디자인이다 9
   북유럽 디자인의 특징 / 북유럽 모던 디자인의 시작과 기능주의
   / 나라마다 다르게 발전한 북유럽 모던 디자인 / 북유럽 모던 전후

2. 북유럽 모던 디자이너들과 그들의 작품 35

3. 북유럽 모던 디자인의 7가지 특징 127
   개방적인 주거 공간 / 실내와 실외 / 빛과 공기 / 벽과 바닥 / 가구 / 직물 / 세부 사항

4. 북유럽 모던 디자인으로 홈 인테리어하기 151

북유럽 모던 디자인 매장 소개(해외&국내) 186
찾아보기 188
사진 저작권 190

들어가며

현대의 유럽 디자인을 일컫는 '북유럽 모던'(원어로는 '스칸디나비아 모던Scandinavian Modern'으로 스칸디나비아는 북유럽 5개국인 스웨덴·노르웨이·덴마크·아이슬란드·핀란드를 뜻한다*)은 그 기원과 이상이 모더니즘과 비슷한 사조로, 문명 시대를 대담하고 새로운 형태로 표현한 혁신적인 디자인 및 건축 양식을 가리킨다.

20세기 북유럽 디자인은 기능과 실용성에 중점을 두며 소박함과 민주주의 정신을 추구했다. 물론 수많은 20세기 디자인이 기능적이고 단순하지만 북유럽 모던은 여기서 그치지 않았다. 북유럽 모던은 사용자의 '접근 용이성' 때문에 꾸준히 사랑받으며 광범위한 분야에서 영향력을 행사하기 때문이다.

뛰어난 북유럽 디자인 상당수가 멋진 외관을 지니고 있어 표지물이나 조각처럼 존재감을 드러낸다. 아르네 야콥센Arne Jacobsen의 〈달걀 의자Egg Chair〉도 그렇다. 이 의자가 다른 모던 디자인과 다른 점이 있다면 앉고 싶게 만든다는 것이다. 사람들은 이 의자를 그냥 지나치지 못한다.

북유럽 모던은 사람을 끌어당기는 상호 교류적인 디자인이다. 무엇인가를 끌어내는 인간의 능력과 자연의 활기 사이에서 완벽한 균형을 이룬 결과다. 상당히 기능적이지만 미적으로도 훌륭하다. 여기서 기술은 그 자체가 아니라 의미심장한 목적을 위해 사용된다.

모더니즘에서 '접근 용이성'은 매력적이지 않게 보일 수도 있다. 이상향을 낮추고 타협한다는 느낌을 풍기기 때문이다. 초기 모더니스트들은 일절 전통과 타협하지 않았다. 장식 사용을 범죄로 취급할 정도였다. 그들은 딱딱하고 상업적인 재료를 사용했고 기계적이며 다소 잔인하기까지 한 형태들을 활용했다.

북유럽 디자인은 현대의 디자인 사조를 인간의 정신에 내재한 자연과 결합시킨다. 그들은 현대적인 재료와 기법을 자연 재료를 비롯한 공예 기법과 조화시킨다. 명확한 선을 유기적인 곡선 형태와 합치고, 기능적인 성능뿐 아니라 유희와 감정적인 목적도 고려한다. 우리에게 앞으로 나아가는 방법을 가르쳐 주는 한편 우리가 어디에서 왔는지도 상기시킨다.

패션 분야에서는 이전 스타일이 갑자기 우스꽝스러워 보이는 시점이 있다. 당시에는 촌스럽다고 취급받지만 더 시간이 지나면 오히려 매력적이 된다. 그러나 이러한 주기가 북유럽 모던에는 해당되지 않는 듯하다. 북유럽 모던 디자인의 상당수가 여전히 클래식한 디자인으로 여겨지기 때문이다.

북유럽 모던 디자인의 기원은 1920-1930년대로 거슬러 올라가지만 국제적으로 인기를 끌기 시작한 것은 제2차 세계대전 이후였다. 특히 미국에서 '덴마크 모던Danish Modern'이라고 알려졌다. 덴마크 모던은 전후의 낙천주의 분위기에 잘 맞아떨어져서 1960년대까지 미국 인테리어 분야에서 큰 인기를 끌었다. 하지만 그 후에는 대량 생산되는 조악한 모조품으로 전락하며 관심 밖으로 밀려났다.

그렇다고 완전히 사라진 것은 아니었다. 아직도 수많은 제품에서 북유럽 디자인을 만날 수 있으며, 오리지널 제품은 전 세계 경매장에서 고가에 팔린다. 이 제품들을 상속받거나 중고로 구입한 운 좋은 사람들은 시간이 지나도 변하지 않는 가치를 잘 알고 있다. 진정한 북유럽 디자인은 저렴한 복제품과 달리 회복력이 뛰어나다. 애초에 견고하게 만들어지기도 했지만 무엇보다 발상이 남다르다. 그래서 반세기 넘게 지난 지금에도 신선하고 활기 넘친다. 신세대가 편안하고 현대적인 주거 공간을 추구하면서 북유럽 모던 스타일이 부흥하고 있는 것은, 어찌 보면 당연한 현상이다.

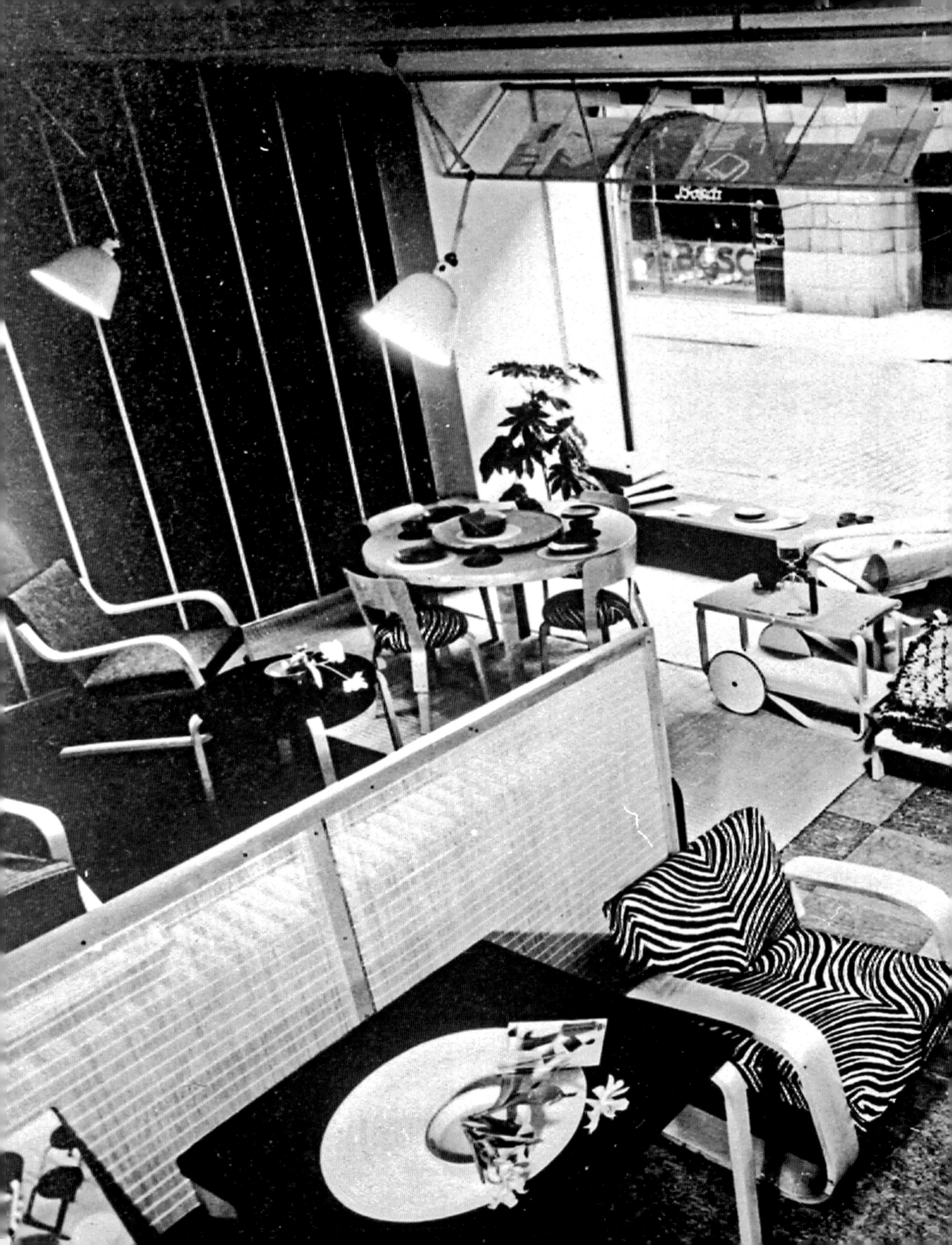

북유럽 디자인의 특징

8쪽: 헬싱키에 위치한 아르텍 제품 전시장으로 알바 알토가 디자인한 가구를 전시하고 있다. 아르텍은 1935년에 설립되었다.

9쪽: 알바 알토가 아르텍의 공동 설립자를 위해 디자인한 빌라 마이레아의 현관.

10쪽: 빌라 마이레아 내부에 빌트인으로 설치된 진열장.

12-13쪽: 빌라 마이레아는 개간된 삼림 지역에 위치한 언덕에 자리 잡고 있다. 주위에 있는 나무가 울타리 역할을 한다.

북유럽 디자인에는 몇 가지 특징이 있다. 북유럽 디자인은 북유럽의 경치와 기후에 기원을 둔다. 북유럽 국가들은 1년 중 상당 기간이 어둡고 추우며 눈으로 덮여 있다.

반면에 강한 빛이 내리쬐는 여름은 아주 짧다. 덴마크, 노르웨이, 스웨덴, 핀란드를 합한 면적은 방대하지만 대부분 산과 숲이다. 따라서 북유럽 디자인은 지형의 유기적 형태나 자연적 무늬에서 많은 영향을 받았다. 거대한 주위 환경을 무시하기보다 활용하는 편이 수월했기 때문이다.

북유럽 사람들은 수 세기 동안 열악한 환경에서 살아남기 위해 한정된 자원을 잘 활용하고, 경제적이며 실용적인 디자인을 개발해 왔다. 부족한 재료를 효율적으로 사용하고 낭비를 최소화하는 것이 북유럽 공예의 바탕이 되었다. 모더니스트들의 원칙인 '형태는 기능을 따른다'가 등장하기 이전부터 북유럽 공예가가 생산한 일상 용품에는 그것이 담겨 있었다.

대부분의 선진국에서 산업화가 진행됨에 따라 전통 공예 기술은 자취를 감추었지만 산업화가 늦게 시작된 북유럽 지역에서는 전통 공예 기법이 사라지지 않고 문화의 중요한 부분을 차지했다. 현대 북유럽 디자인은 기계 생산을 거부하지는 않으나 재료를 직감적으로 다루는 공예 방식을 기계 생산으로 대체하지도 않는다.

북유럽의 외딴 시골에 있는 가정들은 대체로 자급자족해야 했으며 여러 세대가 함께 거주했다. 긴 겨울을 보낼 집은 물리적인 보호처 이상의 심리적인 안정감도 제공해야 했다. 집은 신체뿐 아니라 영혼에도 양식을 공급해야 했다. 그 결과 북유럽 디자인에는 '가정의 안정감'이라는 개념이 담겼다. 이는 단지 바우하우스(독일 바이마르에 있던 조형 학교*)에서 영감을 받은 경직된 디자인으로만 구현될 수 없으며 색상, 패턴, 질감이나 유기적인 형태로 나타낼 수 있다. 모든 북유럽 디자인에는, 심지어 초현대적인 스타일에서도 인간적인 면을 찾을 수 있다.

자연에서 받는 영감, 가정생활의 안정감과 중요성, 수공예 전통, 실용적인 관점 등은 모두 북유럽 디자인 발전에 기여했다. 이 밖에도 중요한 도덕적 차원이 존재하는데, 물리적인 환경보다는 정치적이고 인간적인 환경과 관련 있다. 북유럽 디자인은 사회적으로 다양한 계층을 수용했고 민주적이었다.

이것이 디자인의 역할이 소수 특권층이 아닌 모두의 삶을 증진시키는 것이라는 신념을 낳았다. 그 결과로 신분을 상징하거나 과시적 소비를 부추기는 제품보다 단순하고 절제되고 견고한 제품을 선호하게 되었다.

좋은 품질은 화려하거나 과도한 디자인이 아니라 안정감과 실질적인 효율성을 주는 디자인으로 구현할 수 있는 것이었다.

북유럽 모던 디자인의 시작과 기능주의

북유럽 모던 디자인의 시작은 1920년대로 거슬러 올라간다. 당시의 젊은, 특히 스웨덴과 노르웨이의 건축가들은 모더니즘에 열광했고, 이와 동일한 특징과 개념이 담긴 스타일을 개발했다. 기능주의로 알려진 이 개념은 간결하고 효율적이며 또한 경제적이고 실용적이었다. 건축, 가구, 인테리어, 디자인이 모두 같은 미학을 따랐다.

이 사조는 스웨덴 공예·산업디자인진흥원에서 주관하고 스웨덴 건축가 에릭 군나르 아스푸룬드 Erik Gunnar Asplund와 공동 감독한 1930년 스톡홀름 전시회에서 큰 전환점을 맞았다. 아스푸룬드는 유리와 금속 틀로 이루어진 전시관을 설계했는데, 북유럽 최초의 모더니즘 건물들 중 하나였다. 신고전주의의 영향을 받은 그의 작품은 다른 모더니즘 건축가들의 작품에 비해 덜 근엄했다. 기능주의가 점차 우세해짐에 따라 이 스타일은 기능주의의 주요 특징이 되었다.

초기 기능주의 주택은 빌트인 가구와 창고를 배치한 간소하고 세련된 디자인으로 설계되었다. 천장은 흰색 회반죽으로 마감하고 미닫이창을 내어 건축적 장식을 최소화한 '주거를 위한 기계'(르 코르뷔지에Le Corbusier의 유명한 말*)였다. 하지만 얼마 안 가 산업주의적인 미학은 부드럽고 개인적인 북유럽 스타일로 바뀌었다. 다행히 그 명료함이나 간결성을 잃지 않았다.

이러한 발전을 이끈 인물은 스웨덴의 건축가 겸 디자이너 스벤 마르켈리우스Sven Markelius였다. 그는 1939년 뉴욕 세계박람회에서 스웨덴관 인테리어를 담당했다. 마르켈리우스의 가구 디자인은 단순하고 모듈식이었지만 나무로 제작되었으며, 때로는 밝은 래커칠을 하기도 했다. 민무늬 덮개는 무늬가 있는 러그와 대조를 이루었다.

마르켈리우스의 작품은 바우하우스의 영향을 받은 디자이너들의 작품보다 인간적이었다. 그리고 그가 설계한 디자인관은 국제 사회에 북유럽의 현대성을 감상할 수 있는 기회를 제공했다.

한편 핀란드 건축가 알바 알토Alvar Aalto가 설계한 핀란드관은 물결 모양의 곡선을 활용하고 나무를 눈에 띄게 사용해 유기적인 모더니즘을 표현했다. 북극광과 핀란드 풍경을 연상시키는 이 디자인은 나무를 수직으로 다양하게 활용함으로써 리듬감을 제공해 전시 공간에 통일성을 부여했다. 그는 여기서 구부릴 수 있는 합판 가구를 선보여 높은 평가를 받았다.

전 세계 사람들이 북유럽 모던 디자인을 막 접하기 시작할 무렵에 제2차 세계대전이 터졌다. 상당수 북유럽 지역이 점령당했으며 절망적이고 빈곤한 상태에 놓였다. 재료는 부족했고 생산에도 차질이 생겼다. 그러나 북유럽 디자이너들이 희망의 끈을 놓지 않기 위해 전통 공예 기법에 다시 의존한 결과, 목재와 점토 같은 지역 재료들로 현대적이고 진보적인 형태와 기능을 구현할 수 있었다.

전쟁이 끝나고 북유럽 지역의 재건이 시작되면서 가구 세공, 직조, 도예, 유리 세공 분야에서 실험이 이루어졌다. 이는 독특한 스타일을 낳았다. 기능, 실용성, 따뜻함, 미를 독특하게 혼합한 북유럽 모던 디자인이 기능주의를 고수하면서 전후 상황에 대처한 결과였다.

위: 1939년 뉴욕 세계박람회의 스웨덴관은 북유럽 모던 디자인을 선보여 긍정적인 반응을 이끌었다.

14쪽: 1930년 스톡홀름 전시회는 북유럽에 기능주의를 선보였다. 아스푸룬드가 전시관을 설계했다.

16쪽: 핀 율이 디자인한 의자.
그는 덴마크를 대표하는 디자이너다.

왼쪽: 핀 율이 디자인한 캐비닛.
서랍마다 색이 다른 것이 특징이다.

나라마다 다르게 발전한 북유럽 모던 디자인

덴마크

북유럽 남쪽 끝에 위치한 유럽 대륙의 일부인 덴마크는 모더니즘이 뿌리내리기 좋은 영토라고 생각할 수 있다. 하지만 스웨덴이나 노르웨이와 달리 덴마크는 기능주의 사조를 받아들인 적이 없다. 덴마크의 현대성은 유용성에 초점을 맞춘 공예 기법과 인간 중심적인 디자인, 그리고 과거에 대한 존중에서 출발했다.

다른 북유럽 지역들과 마찬가지로 자연 재료 부족과 경제적인 어려움은 덴마크의 공예 전통에 영향을 미쳤다. 수공예 제품의 질은 장식이나 화려한 재료가 아니라 훌륭한 솜씨와 목적에 얼마나 적합한지에 달려 있었다. 다행히 덴마크는 농업에 기반을 둔 국가였기에 다른 유럽 국가들과 달리 공예 전통이 사라지지 않았다. 또한 전후에 제조업이 더욱 중요한 분야로 부상하면서 산업 제품 생산 분야, 특히 가구 분야에서 높은 수준의 생산 방법과 기술이 채택되었다.

기능주의 건축가와 디자이너는 새 시대의 상징인 기계에서 영감을 얻었다. 하지만 1920-1930년대에 덴마크는 다른 방법을 택했다. 이상적인 디자인 기준을 찾기 위해 인간의 형태를 분석했던 것이다. 건축가 겸 가구 디자이너인 카레 클린트Kaare Klint가 이러한 노력을 이끌며 세계대전 이후 덴마크 디자인 발전에 큰 영향을 미쳤다.

클린트는 인간의 평균적인 치수와 비율에 기반을 둔 자료를 모았고, 이것이 가구 디자인의 기준이 되어야 한다고 주장했다. 또한 전통적이거나 고전적인 가구 형태를 연구해야 한다고 생각했다. 이러한 생각들은 전후 덴마크 디자이너들에게 지속적으로 영향을 미쳤다. 그들은 고전적 형태를 혁신적으로 변형하고 인간적인 디자인을 제안해 국제적으로 큰 성공을 거두었다.

제1차 세계대전과 제2차 세계대전 사이에 프리츠 한센Fritz Hansen 등의 제작자는 평범한 가정에서도 구입할 수 있는 고품질 가구의 생산 방법을 선보였고, 포올 헨닝센Poul Henningsen과 카이 보예센Kay Bojesen 같은 디자이너들은 간결함을 추구하되 바우하우스의 근엄함과 때로는 잔인하기까지 한 성격을 거부하는 유기적인 모던 미학을 추구했다.

전후의 덴마크 모던 디자인이 국제적으로 큰 성공을 거두자 뵈르게 모겐센Børge Mogensen, 한스 웨그너Hans Wegner, 핀 율Finn Juhl 같은 신진 디자이너들이 클린트에게서 영감을 받아 전통적인 형태를 고도로 정제한 제품들을 선보였고, 상업적으로도 성공을 거두었다 (28-33쪽 참조).

덴마크 제조 기술은 공예, 디자인과 긴밀한 연관성

위: 핀 율 저택 내부. 핀 율은 티크를 사용해 많은 작품을 제작했다.

19쪽: 코펜하겐의 SAS 공항 터미널과 로열 호텔의 로비. 아르네 야콥센이 설계했으며, 그가 디자인한 〈달걀 의자〉도 놓여 있다. 야콥센은 전체적인 설계에서 문손잡이에 이르기까지 모든 세부 요소를 직접 디자인했다.

이 있다. 그리고 통합적인 생산 방법의 명료한 사상과 기술은 1950-1960년대 덴마크 수입품의 품질에 잘 반영되었다. 덴마크 제품의 또 다른 주요 특징은 티크 사용이다. 덴마크는 무역 역사가 깊은 작은 해양 국가로, 열대 견목재의 주요 수입국이었다. 전후에 군사적 목적으로 인도네시아에서 대규모 벌목이 이루어지면서 견목재가 과잉 공급되었다.

북유럽처럼 삼림이 울창한 지역에서 수입 티크로 만든 가구가 유명한 것은 다소 모순적이나 티크는 고유의 장점이 있는 재료기에 당시의 덴마크 디자이너들이 선호했다. 견목재인 티크는 튼튼하고 잘 썩지 않으며, 유지와 관리 또한 기름칠이나 왁스칠만 하면 될 정도로 간단하다. 특히 어두운 색상의 나무를 선호하는 미국 시장에서 인기가 높다. 1950년대에 덴마크 디자이너들은 우아한 유선형을 유지하기 위해 많은 티크 접합 기술을 개발했다.

당시 덴마크 디자이너들이 자주 사용했던 또 다른 재료는 곡선으로 구부리거나 제작할 수 있는 경제적인 모듈식 합판이었다. 아르네 야콥센은 〈개미 의자Ant Chair〉 같은 초기 디자인의 상당수에 모듈식 합판을 사용했다. 이 의자는 500만 개 넘게 팔리면서 전 세계에서 상업적으로 가장 성공하고 인기 있는 의자들 중 하나가 되었다.

야콥센은 알토와 마찬가지로 북유럽 디자인의 거장이었다. 그는 1920년대에 석공이자 건축가로 훈련받았는데 이러한 배경은 그의 광범위한 관심사와 전인적인 디자인 방식에 고스란히 반영되어 있다. 모더니즘을 수용한 소수의 덴마크 디자이너들 중 한 명인 아르네 야콥센이 초창기에 설계한 건물과 가구 디자인에는 이러한 미학이 잘 녹아 있다. 그가 설계한 오르후스 시청사Århus City Hall (1937-1942)에는 보다 유기적이고 인간적인 양식을 볼 수 있다. 이 양식은 그의 후기 작품의 특징이 되었다.

야콥센이 설계한 중요한 두 건물은 코펜하겐의 SAS 공항 터미널SAS Air Terminal 및 로열 호텔Royal Hotel (1956-1960)과 옥스퍼드의 성 캐서린 대학St. Catherine's College이다. 두 설계 모두에서 건축뿐 아니라 인테리어, 가구, 조명, 직물에까지 관여해 통일감을 주었다. 성 캐서린 대학에는 자물쇠, 열쇠, 손잡이, 수도꼭지, 싱크대 디자인까지 신경을 썼다.

다른 북유럽 디자인 거장들처럼 야콥센은 기능과 실용성을 유기적인 형태와 예술적인 감각에 녹여냈다. 하지만 그의 디자인을 초현실주의적으로 볼 수도 있다. 1968년에 개봉된 스탠리 큐브릭 감독의 영화 '2001 스페이스 오디세이'에는 야콥센이 영화 제작 10년 전인 로열 호텔 설계 당시에 디자인한 식기류를 사용하는 우주 여행자가 등장한다.

왼쪽: 건축가 겸 디자이너인 스벤 마르켈리우스는 스웨덴 모던 디자인의 핵심 인물이었다. 사진은 그가 자신을 위해 설계한 집이다.

스웨덴

스웨덴은 북유럽 국가 가운데 가장 크고 지형이 다양한 나라다. 그만큼 북유럽 디자인에서 중요한 입지를 차지하고 있다. 오늘날의 스웨덴은 현대적인 자유 민주주의 국가의 전형이지만 루터교의 가치인 관용과 포괄성을 오래 수용하고 있는 나라이기도 하다. 좋은 디자인은 평범한 사람들의 삶을 향상시키는 디자인이며, 부유한 이들의 전유물이 아니라는 생각이 북유럽 디자인의 핵심 사상이다.

1845년에 대중들의 디자인 수준을 높이고자 설립된 스웨덴 공예·산업디자인진흥원의 사조는 '유용한 것이 아름답다'다. 몇십 년 후, 영국 화가이자 공예가인 윌리엄 모리스William Morris는 간결하고 실용적인 디자인을 촉구하는 이 사조를 달리 표현해 '유용하지 않거나 아름답지 않은 것은 집에 두지 마라'고도 했다.

21세기가 도래하면서 디자인이 사회 개혁을 위한 도구가 될 수 있다는 개념이 등장했다. 스웨덴 출신 페미니스트 엘렌 케이는 1899년에 출판된『모든 사람을 위한 아름다움Beauty for All』에서 '아름다운 집은 사람들을 더 행복하게 만들 것이다'고 썼다. 그녀는 화가 칼 라르손Carl Larsson이 스웨덴의 시골 마을, 순드본Sundborn 별장에서의 생활을 담은 그림에서 영감을 받았다. 가정의 안락함, 간결성, 가식의 결여 같은 모든 개념이 구현된 이곳에는 전통적인 공예 기법으로 제작된 아늑한 장식품들이 놓여 있었다.

1919년에 스웨덴 디자인협회 의장이었던 그레고르 파울손은 이와 비슷한 관점으로『보다 아름다운 일상용품More Beautiful Things for Everyday Use』이라는 영향력 있는 책을 출간했다. 그는 제작자들에게 부유한 이들의 화려한 취향에 맞추기보다는 평범한 사람들을 위한 단순하고 유용한 제품을 제작하는 데 관심을 돌리라고 촉구했으며, 이러한 전환에 디자인이 핵심적인 역할을 한다고 봤다.

같은 기간 등장한 디자인 개혁가 빌헬름 코게Wilhelm Käge는 1917년에 스웨덴의 도자기 브랜드인 구스타브스베리Gustavsberg에서 저렴한 식기류 세트를 디자인했으며, 이후에는 간결성과 아름다움을 민주적인 이상과 결합시킨 디자인 양식을 추구했다. 그가 1930년 스톡홀름 전시회에 출품하고자 디자인한〈파이로Pyro〉세트는 구스타브스베리가 제작한 최초의 오븐 투 테이블oven to table 용기(오븐에 넣을 수도 있고 그것을 그대로 식탁에 차릴 수도 있는 용기*)였다. 겹쳐 올릴 수 있는 도기 식기류 세트인 〈프락티카Praktika〉는 더욱 급진적인 디자인으로, 낱개로도 판매함으로써 주머니 사정이 넉넉하지 못한 사람들도 구입할 수 있었다.

아스푸룬드가 주관한 1930년 스톡홀름 전시회는 스웨덴 디자인의 전환점이자 기능주의 사조의 도약대였다(14-15쪽 참조). 많은 스웨덴 건축가와 디자이너가 파리와 베를린에서 공부하면서 모더니즘의 이상과 관행으로부터 상당한 영향을 받았기에 당시 건축에는 기능주의 경향이 지배적이었다.

하지만 도기와 유리 제품 같은 장식품은 여전히 스웨덴의 전통 공예 기법을 활용했다. 또한 전통주의자들은 기계에 바탕을 둔 미학과 대량 생산에 내포된 비인간성에 반대했다.

1939년 뉴욕 세계박람회에서 스웨덴 디자인은 기능주의와 전통주의의 대립에 대한 합리적인 해결책을 내놓았다. 스벤 마르켈리우스의 작품에 잘 드러나 있는데 깨끗하고 현대적인 선과 진보적인 디자인이 자연 재료, 색상, 패턴의 사용 같은 부드럽고 따뜻한 요소와 균형을 이룬다. 당시 비평가들은 이것을 '스웨덴 모던'이라고 부르며 분별 있는 디자인 사조로 여겼다.

전후 스웨덴 디자이너들은 다른 북유럽 지역의 디자이너들과 마찬가지로 북유럽 디자인을 전체적으로 규정짓는 더 부드럽고 유기적이며 덜 엄격한 모더니즘을 개발하기 시작했다. 덴마크가 가구로 큰 성공을 거두었다면 스웨덴은 자기와 도기로 세계적인 명성을 얻었다. 한편 유리 제품에서는 핀란드만이 스웨덴의 유일한 경쟁 상대였다.

위: 겹겹이 쌓을 수 있는 도기 식기류 세트 〈프락티카〉는 1933년에 빌헬름 코게가 디자인했으며, 기능주의의 초기 사례로 볼 수 있다.

핀란드

22쪽: 알바 알토는 1939년 뉴욕 세계박람회 핀란드관을 디자인했다.

아래: 핀란드 디자인계의 거장 티모 사르파네바의 집으로 그는 아름다운 유리 제품으로 유명한 디자이너다.

북유럽 국가들은 '북유럽 모던'이라는 디자인 사조에 자국만의 색채를 부여했다. 핀란드는 제일 북쪽에 위치했기에 가장 고립된 국가지만 덕분에 '자연과의 친화력'이라는 교유성을 지닐 수 있었다. 핀란드 국토의 상당 부분은 전나무로 가득하고 호수만 수천 개며, 최북단에는 유랑민인 사미족이 그들의 선조들이 그랬듯이 아직도 순록을 몬다. 핀란드인에게 생존이란 극심한 물리적 환경만이 아니라 잇따른 정치적 격변과 타국의 통치를 견디는 일을 의미하기도 했다. 이는 핀란드인들에게 강한 결단력과 인내력을 심어 주었다.

알바 알토는 핀란드 디자인의 거장이자 전반적인 북유럽 모던의 선도적인 주창자였다. 그는 모더니즘이 디자인에 혁신적인 영향력을 미치고 있을 무렵에 건축을 공부했지만 인간성이 결여된 작품을 내놓은 적은 한 번도 없었다. 1928년에 '아름다움은 목적과 형태의 조화다'라고 한 진술에서도 알 수 있듯이, 북유럽 모던 미학의 주요 철학을 바탕으로 전인적인 디자인 방식을 추구했다. 알토는 평생 핀란드에 살았으며, 대부분 집과 1935년에 자신이 설계한 헬싱키 북쪽에 위치한 스튜디오에서 시간을 보냈다. 또 핀란드 공공건물과 민간 건축물 200여 개를 디자인했다.

처음에 알바 알토는 제품 디자이너로서 국제적인 명성을 얻었다. 1933년에 런던 백화점 포트넘 앤 메이슨Fortnum&Mason이 전시회를 주최해 그의 작품 일부를 선보였다. 그중 〈파이미오 의자Paimio Chair〉(45쪽 참조)는 알토가 전년도에 자신의 주요 작품들 중 하나인 파이미오 결핵 요양원Paimio Tuberculosis Sanatorium을 위해 디자인한 것이었다. 단순한 형태를 활용하고 나무, 특히 모듈식 합판으로 제작된 이 의자는 대중과 비평가 모두를 사로잡아 의자 유통을 담당했던 핀마르Fimar 사가 지사를 설립해 수요를 충족시킬 것을 요청받기도 했다.

1935년에 알토와 아내 아이노Aino는 닐스 구스타프 할Nils-Gustav Hahl, 마이레 굴릭센Maire Gullichsen과 함께 아르텍Artek을 공동 설립했다. 헬싱키에 거점을 둔 아르텍은 현대적인 가구와 소품 전시장이자 현대적인 디자인 제품의 전시 공간으로 활용될 예정이었다. 제2차 세계대전이 발발하면서 그는 아르텍이 판매하는 제품의 대부분을 디자인했다.

알토는 아르텍의 후원자이자 공동 설립자인 굴릭센 부부를 위해 핀란드 서부 해안 지역인 누르마르쿠Noormarkku에 빌라 마이레아Villa Mairea (1938-1941)를 설계했다. 목가적인 환경 속, 개간된 숲의 언덕에 자리 잡은 이 집은 굴릭센 부부와 손님들을 위한 주말 별장으로 사용될 예정이었다. 알토는 이 집에서 수많은 디자인 방식을 실험했고, 덕분에 그의 건축 작품에 나타나는 핵심적인 요소가 잘 반영되어 있다. 단차가 나는 공간의 자유로운 흐름, 비대칭적이고 유기적인 형태의 활용, 자

이 세상에서 가장 훌륭한 표준위원회는 자연이지만 자연에서 표준화는 가장 작은 단위인 세포로부터 발생한다. 그 결과 정형화된 형태가 존재하지 않는, 수백만 개의 유연한 조합이 탄생할 수 있었다. - 알바 알토

연적인 재료(대부분 나무)의 사용 등이다.

빌라 마이레아는 핀란드의 풍경과 잘 어울린다. 평면은 L자형으로 집을 둘러싸는 나무가 내부 공간을 향해 일종의 울타리나 경계를 형성한다. 발코니와 외장재 일부는 티크를 사용해 제작했으며, 사우나 시설은 핀란드산 전나무로 만들었다. 내부 천장 일부도 목재로 마감했고 칸막이와 난간에도 목재를 활용했다. 지지 기둥은 등나무로 감쌌다. 알토는 자연 재료를 폭넓게 사용해 다양한 건축 형태(현대적, 지역적, 클래식 디자인) 간의 조화를 추구했다. 계단 처리 방식에서 이를 엿볼 수 있다. 목재 기둥은 마치 살아 있는 나무처럼 두 개 층을 거쳐 솟아나 있는데, 계단을 감싸는 동시에 내부 배치의 개방성을 유지한다.

굴릭센 부부는 현대 미술품의 훌륭한 수집가이자 후원자였다. 그들은 핀란드뿐 아니라 전 세계에서 제품을 수집했는데, 알토는 이로부터 영감을 받아 자신의 집을 설계했다. 1939년에 그는 "나는 이 집에 현대 회화와 관련된 특별한 형태를 적용하고자 했다. 현대 회화는 특정 형태로 발전해 가는 과정에 있을지도 모른다. 이는 개인의 건축적 경험을 상기시킬 수 있다"고 말했다.

알토 부부가 디자인한 가구와 소품들은 이 집의 현대 미술품들을 보완해 준다. 기존 제품도 있지만 특별히 제작한 것들도 있다. 구부러지는 모듈식 합판 가구, 자연이나 동물무늬 천을 씌운 소파, 조명 기구 등이다.

핀란드에서는 비교적 늦게 모더니즘이 등장했으며 새로운 소재와 기법이 환영을 받았다. 두 차례의 세계대전 사이에 알토는 일반인이 구입할 수 있는 저렴한 유리 제품과 가구를 생산했다. 도기 제작업체 아라비아Arabia 또한 이 같은 노력에 착수해 비슷한 시기에 표준화된 제품을 생산하기 시작했다.

예술적인 표현에만 급급했을 뿐, 이상적인 형태를 찾기 위한 노력에 소홀했던 핀란드의 전통적인 공예 기법은 전쟁이 끝난 후에 타피오 빌칼라Tapio Wirkkala와 티모 사르파네바Timo Sarpaneva 같은 디자이너의 활동 속에서 새로운 전성기를 맞이했다. 그들은 유리 제작업체 이탈라Iittala에서 조각 형태의 유리를 생산했다. 이 순수하고 감각적인 디자인은 핀란드인의 자연에 대한 사랑을 담아내 1951년 밀라노 트리엔날레triennale(3년마다 열리는 국제적 미술 전람회*)에서 국제 사회로부터 큰 찬사를 받았다.

핀란드는 직물 제작에도 뛰어나다. 핀란드산 러그는 북유럽 모던 인테리어에 반드시 등장하며, 마이야 이솔라Maija Isola와 부오코 에스콜린Vuokko Eskolin이 마리메코Marimekko에서 제작한 디자인 패턴은 옵아트(옵티컬 아트를 줄여 부르는 용어로 '시각적인 미술'의 약칭*)에서 영감을 받은 화려한 패턴의 진수라고 하겠다.

24쪽 위: 빌라 마이레아의 외관이다. 창문의 비대칭적인 위치에 주목할 것.

24쪽 아래: 지지 기둥을 등나무로 감싸 인테리어 소재로 활용했다.

위: 알토의 여름 별장인 무라트살로 실험 주택의 내부.

노르웨이

노르웨이의 북유럽 모던은 다소 이례적이다. 딱히 특정 지을 만한 요소가 없으며 북유럽 모던이 절정에 이르러 덴마크나 스웨덴의 디자인이 큰 성공을 거두었을 때조차 그만한 성공을 거두지도, 두각을 나타내지도 못했다. 그럼에도 노르웨이는 공예 전통이 깊고 초기 모더니스트들의 기능주의를 열렬히 지지하던 국가였다.

다른 북유럽 국가들과 마찬가지로 공예는 노르웨이 문화의 중요한 부분을 차지한다. 오랜 기간 이웃 국가의 지배를 받은(400년간 덴마크의 지배, 한 세기 넘게 스웨덴의 지배를 받았다) 노르웨이의 시골 지역에 뿌리내린 토속 예술품과 공예 기법은 노르웨이인들이 문화적 정체성을 표현하고 유지하는 중요 수단이 되었다. 하지만 덴마크의 가구 제작, 스웨덴의 유리 및 도기 공예, 핀란드의 직조 공예와 달리 노르웨이에서는 생산적인 산업 근간을 이룰 만한 특정 전문 분야가 존재하지 않았다.

노르웨이는 1905년에 드디어 독립했다. 20세기 초반, 노르웨이의 젊은 건축가들 상당수는 스웨덴에서 공부한 후 기능주의의 열렬한 지지자가 되었다. 당시 건축이 사회·정책 문제를 해결할 수 있는 잠재력을 지니고 있다는 인식이 퍼지고 있었으며, '주택난'으로 표현되는 도시 주거 문제 해결 필요성 또한 높아지고 있었다. 기능주의의 합리적이고 민주적인 이상은 이에 대한 해결책을 제시해 줄 수 있을 것 같았다.

부유한 고객을 위해 건설된 개인 빌라에조차 기능주의 양식이 잘 나타나 있다. 1938년에 아네 코스모Arne Corsmo가 오슬로에 설계한 빌라 스테너센Villa Stenersen과 오베 방Ove Bang이 1937년에 설계한 빌라 디틀레브 시몬센Villa Ditlev-Simonsen에는 기능주의 양식이 잘 반영되어 있다.

두 작품 모두 북유럽 인테리어에서 꼭 필요한 빛을 극대화하기 위해 유리벽돌 사용 면적을 최대화했다. 특히 방의 작품은 엄격한 기능주의에서 벗어나 핀란드 전통과의 융합을 시도했다. 빌라 디틀레브 시몬센의 자유롭게 흐르는 평면은 르 코르뷔지에의 빌라 사보아Villa Savoye로부터 직접적인 영향을 받았다. 하지만 자연 석재를 사용하고 건물을 주위 환경에 통합시킨 것은 보다 부드러운 북유럽 디자인 방식을 보여 준다.

노르웨이는 전쟁 중 특히 큰 피해를 입었고, 전후에는

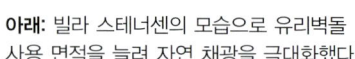
아래: 빌라 스테너센의 모습으로 유리벽돌 사용 면적을 늘려 자연 채광을 극대화했다.

위: 빌라 스테너센은 아네 코스모가 1938년에 설계했으며, 기능주의 양식이 적용되었다.

28쪽: 에드거 카우프만 주니어가 낙수장에 덴마크의 현대적인 가구를 들여놓자 국제 디자인 단체가 관심을 가졌다.

독일의 초토화 정책 결과로 인해 극심한 경제난에 놓였다. 산업은 정체되었고 디자이너들은 국가의 정체성을 표현하는 데 혈안이 되었다. 빌리 요한손Willy Johansson 같은 디자이너들은 유리 제품으로 국제적인 인지도를 얻었고, 티아스 엑크홉Tias Eckhoff은 금속 제품과 도기 제품을 제작해 노르웨이가 북유럽 모던의 성공에 나름대로 기여했음을 입증했지만 사실상 그 역할은 미미했다.

북유럽 모던 전후

제2차 세계대전이 종식되자마자 북유럽 모던 디자인은 세계적인 관심을 끌었다. 덴마크, 노르웨이, 스웨덴, 핀란드의 디자이너들은 가구, 직물, 도기, 유리 제품을 비롯한 기타 제품을 생산하기 시작했다(당시 이 국가들의 인구를 다 합쳐도 뉴욕 시 인구보다 적었다). 북유럽 모던 스타일은 1950-1960년대에 국제 디자인박람회에서 선보이며 상업적으로도 큰 성공을 거두었다. 상업적인 성공은 미국에서 가장 컸다.

사실 미국에서 성공할 수 있었던 기반은 이미 닦여 있었다. 1923년에 핀란드 건축가 엘리엘 사리넨Eliel Saarinen이 50살의 나이에 미국으로 이민 가 1932년 크랜브룩 예술 아카데미Cranbrook Academy of Art의 초대 원장이 되었다. 두 차례의 전쟁 사이에 이곳은 북유럽 예술가와 디자이너들의 작업을 통해 북유럽 예술품을 전파하는 장소로 성장했다. 그들의 진보적이지만 인간적인 사고방식은 이 학교 출신 학생들에게 지대한 영향을 미쳤다. 그중에는 엘리엘의 아들 에로 사리넨Eero Saarinen을 비롯하여 해리 베르토이아Harry Bertoia, 레이 임스Ray Eames, 찰스 임스Charles Eames도 있었다.

북유럽 모던이 전후 미국에서 인기를 끈 이유는 많지만 그중에서도 한 인물이 끼친 영향이 지대한 역할을 했다. 바로 피츠버그 백화점 소유주의 아들인 에드거 카우프만 주니어다. 프랭크 로이드 라이트Frank Lloyd Wright는 그의 주문으로 낙수장Falling Water을 설계했다. 라이트의 걸작으로 여겨지는 이 주택은 캔틸레버cantilever 콘크리트 테라스가 펜실베이니아 폭포 위로 뻗어 있는 형태로, 가장 유명한 20세기 미국 건축물 중 하나였고 지금도 그렇다. 카우프만이 덴마크 디자인을 활용해 낙수장을 완성하자 디자인 단체가 관심을 갖기 시작했다. 카우프만의 이 같은 영향력은 가장 유명한 미국 건축가의 고객을 아버지로 두어서도 아니었고, 어린 건축학도일 당시 라이트를 고용하도록 아버지를 설득한 적이 있기 때문도 아니었다. 그는 뉴욕 현대미술관MOMA, Museum of Modern Art in New York 운영에도 깊이 관여했고, 건축 역사를 가르치기도 했다. 예술 애호가이자 전체적인 그림과 세부 사항을 모두 볼 줄 아는 안목이 있었다. 덴마크 가구들로 장식된 낙수장은 미국에 개방적인 평면을 선보였다. 일시적인 유행이 아니었다. 이곳을 방문한 사람이 책장에서 책 한 권을 꺼내 읽자 "누군가 책의 리듬을 바꾸어 놓았다"고 말할 정도였다.

카우프만이 덴마크 디자인을 활용한 것은 맨해튼의 취향에 익숙해 있던 사람들 사이에서 즉각적인 반향을 일으켰고, 보니어Bonnier 같은 뉴욕 상점들은 북유럽 제품의 판매를 시작했다. 고객이 그것들을 자신의 집에 들여놓으면서 덴마크 스타일은 점차 세력을 확대해 뉴욕에서부터 미국 전역으로 퍼져 나갔다.

모더니스트의 디자인이 미국에서 볼품없는 지지를 받은 적이 있었다. 지나치게 비싸고 비타협적이어서 디자인 애호가 외에는 고객층을 확보하지 못했던 것이 이유였다.

북유럽 모던 디자인은 달랐다. 당대의 낙천주의, 진보성, 미래에 대한 신념을 잘 반영했을 뿐만 아니라 비교적 저렴하고 부담 없었다. 덕분에 짧은 시간 내에 전후 젊은 세대로부터 전폭적인 지지를 받았다. 그들은 안정감을 제공하면서도 실용적인 이 스타일을 높이 평가했다. 실용성을 위해 가구를 명확한 선으로 가볍게 제작했으며 작은 집에 적합하도록 크기도 조정했다. 또한 유지·보수가 용이하도록 자연 재료를 활용해 우아하게 제작했다. 액세서리와 가구는 생기 넘쳤고 무엇보다 사용하기 편리했다. 현대성을 추구하기 위해 중요한 것을 꼭 포기해야만 하는 것이 아님을 입증했던 것이다. 혁신적이라기보다는 발전적이었고, 진보적이었지만 거부감을 불러일으키지는 않았다.

1950년대 초, 미국 고객들이 생각하는 북유럽 모던은 덴마크 모던이었다. 한스 웨그너와 핀 율 같은 덴마크 디자이너의 작품이 가장 먼저 폭넓은 지지를 받았다. 그들은 나무틀을 잘 다듬어 사용하고 티크 목재에 적합한 접합 기술을 개발해 이 스타일의 발전에 큰 영향을 미쳤다.

위: 존 F. 케네디가 한스 웨그너가 디자인한 〈라운드 의자〉에 앉아 있다. CBS는 1960년에 대통령 후보 회담을 방영하기 위해 이 의자를 12개 구입했다.

웨그너는 전통적인 〈윈저 의자Windsor Chair〉 스타일의 현대적 버전인 〈공작 의자Peacock Chair〉(1947)를 제작해 초창기에 인기를 끌었으며, 순수하고 보기 좋은 형태를 구현한 〈라운드 의자Round Chair〉를 디자인하기도 했다. 이 의자는 '그 의자(더 체어The Chair)'로 불렸고, CBS가 존 F. 케네디와 리처드 닉슨 대통령 후보의 토론을 최초로 방영하면서 이 의자 12개를 사용해 공식적인 승인을 받기도 했다. 웨그너의 말을 인용하자면 그의 목적은 '목재에 생명력을 불어넣는 것'이었다.

다른 작품으로는 아르네 야콥센의 〈개미 의자〉(1951-1952)와 〈시리즈 7 의자Series 7 Chair〉(1955) 중에서 모델 No. 3107이 있다. 모듈식 합판으로 만들어 쌓아 올릴 수 있는 의자로, 전 세계에서 가장 많이 팔리는 의자 중 하나다. 야콥센의 〈백조 의자Swan Chair〉(1957)와 〈달걀 의자〉(1958) 역시 상징적인 디자인 제품이다.

북유럽 모던이 처음부터 인기를 끌고 전반적인 분야에서 폭넓게 적용된 것은 다양한 시장에서 수요가 있었기 때문이다. 덴마크에서 직접 수입하거나 미국 제조사가 허락을 받고 제작한 제품이 가장 비쌌다. 반면에 덴마크 목재를 이용해 미국에서 만든 일반적인 서랍은 저렴했으며, 복제품이나 모조품은 더욱 저렴했다. 복제품이나 모조품의 경우 일부는 그런대로 잘 제작되었고 디자인도 우수했지만 그렇지 못한 것도 있었다.

결과적으로 인기는 이 스타일이 자취를 감추게 만드는 아이러니한 결과를 낳았다. 1960년대 중반에 대량 판매 시장에서 구입할 수 있는 제품 상당수는 진짜 북유럽 모던 양식과는 거의 유사성이 없었다. 조잡한 장식과 볼품없는 재료, 저렴한 베니어판은 북유럽 모던 스타일에 대한 대중들의 인식을 저하시켰고, 결국 완전히 외면당하고 말았다.

한편으로 북유럽 모던 디자인은 미국에서의 상업적인 성공을 발판으로 전 세계의 다른 지역들에서도 인기를 끌기 시작했다. 1950-1960년대에 많은 북유럽 디자이너가 국제 디자인박람회에서 상을 받았다. 당시의 사용자 친화적인 현대성이라는 북유럽 디자인 콘셉트는 수많은 소매업자, 디자이너, 제작자에게 지대한 영향을 미쳤다.

영국에서는 가구 제작 회사 에콜Ercol이 1951년 영국 페스티벌에서 〈윈저 의자〉의 단순화된 버전을 선보였다. 이 의자가 큰 관심을 끌자 에콜은 대량 생산에 도입했고, 1950-1960년대에 영국의 일반 가정에서 큰 인기를 구가했다. 에콜 제품은 본래의 덴마크 디자인만큼 정교하지는 못했지만 전통적인 형태에 현대적인 느낌을 가미했다. 당시 선보인 〈나비 의자Butterfly Chair〉는 야콥센의 〈개미 의자〉와 비슷하지만 덜 정제된 형태였다.

영국 페스티벌에 출품한 다른 디자이너로 테렌스 콘랜Terence Conran이 있다. 그는 1964년에 해비타트habitat(무주택 가정의 서민들에게 자원봉사자들이 무보수로 설계와 노동을 제공하여 집을 지어 주는 전 세계적인 공동체 운동*)를 통해 영국 시내 중심가를 탈바꿈시킨 적이 있었다. 그 또한 마리메코 직물 같은 북유럽 디자인에서 영감을 받았다. 북유럽 가구 산업에서 일반적으로 사용되는 제조 기법과 소재 또한 그의 작품에 영향을 미쳤다. 그가 해비타트 이전에 시작했던 가구 제작소는 영국 최초로 티크재를 사용했고, 콘랜이 초기부터 활용한 플랫 팩flat-pack(납작한 상자에 부품을 넣어서 파는 자가 조립용 가구*)

위의 왼쪽: 핀마르 사가 영국에서 알토의 디자인 제품을 판매하기 위해 만든 광고.

위의 오른쪽: 미국 미시간에 위치한 베이커 퍼니처Baker Furniture는 핀 율의 가구를 대량 생산·판매했다.

위: 1950-1960년대에 영국 제조업체 에콜은 〈윈저 의자〉 같은 특정 가구의 단순화된 형태를 선보였다.

디자인은 북유럽 제작 방식의 유행을 반영한 것으로 저렴한 가구 생산에 도움이 되었다.

물론 그가 유용한 일상 용품으로 가득 찬 프랑스 시장을 관찰한 것이 해비타트의 성공에 크게 이바지했지만 시내 중심가 고객에게 쾌활하고 잘 만든 현대적인 디자인 제품을 제공하고자 하는 해비타트의 전반적인 의도는 북유럽 모던의 민주주의 정신과 일맥상통했다.

독일에서는 북유럽 모던 중에서도 특히 덴마크 가구가 인기를 끌었다. 독일인들은 가볍고 실용적이며 공간을 적게 차지하는 덴마크 디자인을 높이 평가했으며, 미국인들만큼이나 티크재 사용을 선호했다.

1960년대 말부터 1990년대까지 북유럽 모던은 디자인 역사의 한 장을 장식하는 하나의 스타일에 불과했다. 하지만 1980년대에 유행하다 말다를 반복하다 1990년대에 미니멀리즘이 잠시 유행하면서 다시 기본에 충실한 디자인이 인기를 끌자 클래식한 모던 디자인에 대한 새로운 관심이 생겨 났다.

미스 반 데어 로에Mies van der Rohe, 마르셀 브로이어Marcel Breuer, 르 코르뷔지에 같은 거장들의 작품만이 아니라 20세기 중반 모던 스타일도 인기를 끌었다. 이는 이케아IKEA처럼 단순하고 저렴하며 깔끔한 스타일의 인기에 힘입었다.

그렇게 천천히 그러나 확실하게 북유럽 모던은 부흥하기 시작했다. 북유럽의 수많은 클래식 디자인 제품은 생산이 중단된 적이 없다. 애초에 그렇게 많은 빈티지 제품을 계속해서 생산하는 국가 자체가 거의 없다. 이는 북유럽 모던의 가치가 시간이 지나도 변치 않음을 의미한다. 북유럽 디자인 진품은 골동품 시장, 온라인 경매 시장, 벼룩시장 같은 중고 시장에서도 구입할 수 있다. 북유럽 모던 제품에 대한 관심이 증가하면서 이들의 가격이 오르고 있는 상황에서, 높은 디자인 안목을 지닌 새로운 세대는 북유럽 모던이 이토록 인기를 끌고 있는 이유를 재발견하고 있다.

위: 스웨덴에서 설립된 국제적인 소매업체 이케아는 북유럽 모던 디자인으로부터 큰 영향을 받아 저렴하고 현대적인 제품들을 판매하고 있다.

북유럽 디자인은 생활을 위한 디자인이다

북유럽 모던 디자이너들과 그들의 작품
SCANDINAVIAN MODERN DESIGN DIRECTORY

34쪽: 합판 여러 장으로 L자형 다리를 제작하는 모습.
35쪽: 덴마크 클람펜보르Klampenborg에 위치한 아르네 야콥센의 집에 놓인 티크 찬장.

Aino Aalto

아이노 알토

핀란드 건축가 겸 디자이너 1894-1949

핀란드 헬싱키에서 태어난 아이노 알토는 공업대학(현 헬싱키 공대)에서 건축을 공부한 후 1920년에 졸업했다. 한동안 헬싱키에서 일하다 1924년부터 알바 알토의 조수로 일하게 되면서 핀란드 중부에 위치한 이위베스퀼레Jyväskylä로 이사했다. 그리고 같은 해 알바 알토와 결혼했다.

'현실적이고 현대적인 여성'으로 묘사되는 아이노는 남편보다 네 살 연상이었고, 부부는 많은 여행을 다녔다. 그러나 단란했던 결혼 생활은 아이노가 일찍 생을 마감하면서 갑자기 끝났다. 두 사람은 긴밀한 협력자 관계에 가까웠다. 아이노는 알토와 관심 분야를 공유했고, 남편의 프로젝트뿐 아니라 휜 목재 기법 연구에도 참여했다.

부부는 알바 알토가 건축 현상 공모에 입상한 후인 1927년, 유럽 대륙과 배로 연결되는 혼잡한 항구 도시 투르쿠Turku로 이주했다. 이곳에서 그들은 '기능주의'라는 새로운 사조를 접했는데, 〈웨이브 뷰Wave View〉라고 불리는 그녀의 유리 제품 디자인에서 그 영향을 볼 수 있다. 이 제품은 현재에도 생산되고 있다.

1933년에 알토가 건축가로도 가구 디자이너로도 큰 성공을 거두자 부부는 두 자녀와 함께 수도 헬싱키로 돌아왔다. 이후 문키니에미에 함께 설계한 집을 지어(1935-1936) 사무실 겸 작업장으로 사용했다. 1935년에는 마이레 굴릭센, 닐스 구스타프 할과 함께 아르텍을 설립했다. 알토가 실험했던 구부러지는 모듈식 합판을 사용한 혁신적인 가구 제작을 위해서였다. 그녀는 계속 남편을 돕는 한편 자체적으로도 가구를 디자인했다.

알토 유리 제품 1932

제작사 이탈라(1988년 이후)
세부사양 압축 유리로 만들었다.

아이노의 유리 제품 〈웨이브 뷰〉는 핀란드가 1932년에 금주법을 폐지한 후 유리 제조사인 카르훌라Karhula가 후원했던 현상 공모에 당선된 작품이다. 이 세트에 포함된 손잡이가 없는 컵, 그릇, 접시, 물병은 1934년에 제작되었다. 나중에 '알토'로 이름이 변경되었다.

모더니스트적인 디자인의 전형인 이 유리 제품 세트는 대량 생산되는 실용적인 제품도 유용하며 동시에 아름다울 수 있다는 사실을 입증했다. 무게감 있는 디자인에 골이 진 윤곽은 손에 착 감긴다. 유리를 입으로 불어 만든 제품의 경우 형태가 매끈하지만 압축 유리로 만든 제품은 완벽하지 않다. 그러나 유리 표면의 골이 이를 숨겨 주면서 아주 단순한 형태에 유기적인 특징을 부여해 준다.

37쪽: 헬싱키 리히티에 위치한 알바 알토와 아이노 알토 부부의 집. 피아노 위에 아이노의 사진이 놓여 있다.

38쪽: 핀란드 이위베스퀼레에 위치한 알토의 여름 별장 무라트살로 실험 주택으로 목재 사용이 눈에 띈다.

알바 알토

핀란드 건축가 겸 디자이너 1898-1976

> 우리는 단순하고 질이 우수하며 장식적이지 않은 제품, 인간과 조화를 이루고 기본적으로 평범한, 보통 사람들에게 잘 맞는 제품을 만들어야 한다.
> – 알바 알토, 1957년 런던 연설에서

알바 알토는 핀란드 서부의 작은 마을 쿠오르타네에서 태어났다. 아버지는 핀란드 측량사였고 어머니는 스웨덴 우체국 직원이었다. 알토가 다섯 살이 되던 해, 가족은 언덕과 호수로 둘러싸인 격자 계획도시 이위베스퀼레로 이주했다.

알토는 그래머스쿨(7년제 인문계 중등학교*) 재학 시에 제도製圖에 소질을 보였으며, 졸업 후에는 건축가가 되고자 했다. 이를 위해서는 헬싱키로 이주해 공업대학에 진학해야 했다. 당시 핀란드에서 건축을 공부할 수 있는 유일한 장소였기 때문이다.

알토가 학창 시절을 보내던 시기에 핀란드는 정치적 격변기를 겪고 있었다. 1917년, 내전 끝에 핀란드는 드디어 스웨덴으로부터 독립했다. 내전에는 많은 학생이 참전했다. 알토는 1921년에 헬싱키에서 건축가로서 활동을 시작했지만 일감이 거의 들어오지 않았다. 경력이 없기 때문이었다. 2년 후 그는 어린 시절 살았던 마을로 돌아와 사무소를 차렸다.

아이노 알토가 조수로 들어온 1924년에 두 사람은 결혼했다. 스위스와 이탈리아로 신혼여행을 갔고, 지중해 문화는 알토의 작품에 지속적인 영향을 미쳤다. 결혼 후 3년간은 바쁜 시기였다. 알토는 먼저 가구 디자이너로 경력을 쌓은 후 건축가로 활동했다. 교회 6곳의 재단장 프로젝트에서는 가구를 비롯한 다양한 가공품을 제작했다.

초기 작품의 상당수는 실증주의 스타일이었다. 알토는 나무를 구부리는 연구도 진행했는데, 훗날 아르텍에서 생산한 진보적인 디자인의 가구에 활용되었다. 주요 프로젝트에 열중하던 젊은 건축가들이 그렇듯, 알토 또한 수많은 현상 공모에 출품했다. 1927년에 투르쿠에 위치한 핀란드 농업 협동조합 건물 디자인 공모에 당선되어 거주지를 옮겼다. 이곳에서 알토는 당시 부상하던 기능주의와 북유럽 모더니즘을 접했다.

가장 큰 영향을 준 이는 에릭 브리그만Erik Bryggman으로, 알토는 그와 함께 투르쿠 700주년 전시관을 대담한 모더니스트 양식으로 설계했다. 에릭 군나르 아스플룬드, 스벤 마르켈리우스와도 함께 일했다. 그들은 스웨덴 기능주의의 기수였을 뿐만 아니라 바우하우스에서 교수를 지냈던 라즐로 모홀리 나기Laszlo Moholy Nagy와도 막역한 사이였다. 1929년에는 프랑크푸르트에서 개최된 근대건축국제회의CIAM, Congrès International de l'Architecture Moderne의 두 번째 의장이 되었다.

이 기간에 진행했던 세 개의 주요 프로젝트는 북유

Alvar Aalto

럽 고전주의에서 모더니즘으로의 전환을 보여 준다. 알토가 이사한 이유인 투룬 사노마트 빌딩Turun Sanomat Building 프로젝트는 완전히 기능주의적인 양식으로 설계되었으며, 1935년에 완공된 러시아의 비푸리 도서관 Viipuri Library은 그의 모더니즘 취향을 반영해 인간적인 방식으로 설계되었다. 알토는 자연 재료, 흐르는 선과 색상을 이용해 명료함과 간결성을 표현했다.

가장 중대한 프로젝트는 파이미오 결핵 요양원(1929-1933)이었다. 역시 현상 공모 당선작으로, 결핵 환자를 위한 확실히 현대적이고 기능적인 요양원을 구상했다. 알토는 콘크리트를 주재료로 사용하고 수평 창문을 배치했으며, 세부 장식에 금속을 활용했다. 한편 비대칭적인 요소, 흐르는 형태와 경치를 고려한 배치는 다소 차가워 보일 수 있는 공간을 부드럽게 만들어 자연스럽고 유기적이게 한다. 환자들이 햇볕을 쬐고 맑은 공기를 마시며 치료받을 수 있게 하는 데 초점을 맞추었기에 남향으로 난 발코니가 환자의 숙소에서 가장 중요한 부분이었다.

알토는 파이미오 요양원에 들어가는 가구, 소품, 세부 장식 대부분을 디자인했다. 가구장의 경우에는 청소가 용이하도록 다리와 바닥의 공간이 생기게 디자인했고 모서리를 둥글게 처리해 환자들이 좁은 방 안에서도 편하게 움직일 수 있도록 배려했다. 가장 주목할 만한 것은 남향 발코니(양가죽으로 만든 침낭을 놓아 환자들이 겨울에도 바람을 쐴 수 있도록 했다)에 놓인 특별한 라운지 의자와 현관에 위치한 나무 안락의자다. 〈파이미오 의자〉로 알려진 이 의자는 모듈식 자작나무와 구부러지는 합판으로 제작되었는데, 원래는 강의실 의자로 사용할 목적이었다.

알토는 모더니즘의 영향을 받은 다른 현대주의 디자이너들과 마찬가지로 금속으로 가구를 제작하고, 자신의 집에 놓기 위해 헝가리 건축가 브로이어Breuer가 제작한 의자를 구매하기도 했지만 점차 북유럽에서 구하기 쉬운 재료인 목재 쪽으로 기울기 시작했다. 1929년에는 아내와 함께 진행하던 나무 모듈 및 구부리기 연구에 투르쿠 가구 공장의 기술 감독이었던 오토 코르호넨Otto Korhonen을 참여시켰다. 이후 몇십 년간 알토는 새로운 발명품 덕분으로 수많은 국가에서 특허권을 취득했다.

국제적인 인지도를 얻은 것은 1933년에 런던의 백화점 포트넘 앤 메이슨이 〈파이미오 의자〉를 일부 전시하면서부터였다. 현대적이고 기능적인 이 제품은 따뜻함과 접근 용이성을 갖춘 덕에 큰 성공을 거두었다. 판매율 또한 높았는데, 이에 힘입어 1935년에는 제조 회사 아르텍을 설립했다. 영국에서는 아르텍의 자회사인 핀마르가 그의 제품을 판매했다.

이 무렵 알토 부부는 헬싱키로 돌아가 문키니에미에 작업장 겸 주택을 설계했다. 이 프로젝트는 알토가 빌라 마이레아(9-10, 12-13, 23-25쪽 참조)에서 실현할 개념의 원형이었다. 빌라 마이레아는 알토가 아르텍의 공동 창립자인 마이레 굴릭센을 위해 설계한 집이다.

반면 알토가 건축가로서 전 세계적으로 높이 평가받게 된 것은 1939년 뉴욕 세계박람회에서 설계한 핀란드관 덕분이었다. 그는 이곳에 자신이 디자인한 가구 몇 점을 전시하기도 했다. 프랭크 로이드 라이트는 핀란드관을 '천재의 작업'이라고 칭찬했다.

제2차 세계대전 동안에는 미국으로 건너가 매사추세츠 공과대학MIT의 초빙 교수로 지냈다. 훗날 MIT 학생 기숙사를 설계하기도 했다. 알토는 사회 계획에 관심이 많았던 터라 전후에 필요한 재개발 방법으로 프리패브리케이션prefabrication(건축 공사의 현장 작업을 최소한으로 줄이기 위해 구조 부재나 마루, 벽, 천장, 지붕의 패널 등을 미리 공장에서 생산하여 현장에서 조립하는 공법*)을 연구했다. 그는 핀란드 건축 현상 공모에 다수 입상한 후인

위: 알토가 아르텍에서 디자인한 직물.

아래: 침대 옆 탁자로 사용된 알토의 다용도 스툴. 창가에는 그가 디자인한 다과 운반대도 보인다.

1940년대 말에서야 헬싱키로 돌아왔다.

알토는 아이노가 죽은 지 3년 후인 1949년에 건축가 엘리사 마키니에미와 재혼했다. 이 결혼으로 또 하나의 독창적인 파트너십이 형성되었다. 1957년에 그들은 여름 별장 '무라트살로 실험 주택Muuratsalo Experimental House'을 설계했다. 알토는 그곳에서 그림을 그리고 고속 모터보트를 디자인했다.

전쟁이 끝난 후에도 그는 유기적인 모더니즘을 계속해 발전시켰고 벽돌을 사용하는 등 새로운 소재를 채택했으며, 유기적인 형태를 만드는 데 사용될 수 있는 새로운 유형의 벽돌을 디자인하기에 이르렀다. 그가 전후에 설계한 건물 대부분은 핀란드에 있다. 세이나찰로 시청사 Säynätsalo City Hall (1949-1952)와 헬싱키의 핀란디아 홀 Finlandia Hall (1962-1971)이 대표적이다. 핀란디아 홀의 물결치는 입면은 나무를 연상시킨다.

알토는 가장 유명한 핀란드인 중 한 명일 것이다. 그의 초상화는 핀란드 지폐에도 등장한다. 알토는 건물에서 종합 설계, 가구와 조명에서부터 유리 제품에 이르기까지 다양한 분야에서 많은 작품을 배출한 독창적인 디자이너였다. 또 훌륭한 연설가이자 작가기도 했다. 알토의 전인적이고 인간적이며 자연을 수용하는 디자인 방식이 북유럽 모던의 핵심이다.

아르텍

알토가 디자인한 가구, 램프, 직물을 판매하기 위해 설립했다. 처음부터 알토의 가구가 인기 높았던 국제 무대

Alvar Aalto

아래: L자형 다리 제작 모습. 원재료는 핀란드산 자작나무 합판이다.

를 대상으로 했다. 알토의 가구는 특히 영국에서 인기를 끌었다. 영국의 백화점 포트넘 앤 메이슨이 1933년에 알토 작품의 일부를 포함해 핀란드 디자인 전시회를 주최하기도 했다.

알토를 비롯해 아이노 알토, 닐스 구스타프 할, 마이레 굴릭센이 아르텍의 공동 창립자였다. 아르텍은 상업적인 기업인 동시에 모더니즘을 넓은 차원으로 발전시키고, 급진적이며 새로운 디자인 스타일을 선보임으로써 토론과 기타 활동을 위한 장이 되고자 했다.

아르텍의 디자인 철학은 '모더니즘에 인간적인 관점'을 부여하는 것이었다. 1930년대 초, 알토는 아이노, 오토 코르호넨과 함께 목재를 구부리고 합판으로 만드는 실험을 하기도 했다. 덕분에 모더니즘의 순수성과 기능주의 속에 목재의 따스함이 녹아들 수 있었다. 그는 가능한 적은 재료로 가구를 만드는 데에도 관심을 가졌다. 명료성과 간결함을 추구하기 위해서만이 아니라 제작 과정을 간소화하고 비용을 줄이기 위한 목적도 있었다.

이러한 노력의 일환으로 제작된 가장 위대한 발명품이 L자형 다리다. 휜 나무로 만든 강력한 버팀대로, 탁자나 의자의 하부에 직접 나사로 고정시킬 수 있어 구조물이나 복잡한 접합 작업이 필요 없었다. 이후 Y자형 다리(1940년대 후반)와 X자형 다리(1950년대 후반)도 개발했다. 이와 같은 표준형 구조물은 다양한 제품에 적용되었다.

초기 현대주의자들은 '형태는 기능을 따른다'는 슬로건을 믿었다. 하지만 알토는 그것이 다가 아니라고 생각했다. 그는 '형태는 설명할 수 없는 수수께끼지만 사람들에게 즐거움을 선사한다'고 했으며 그의 유기적인 디자인은 실용성을 추구하는 것보다 한 차원 높았다.

아르텍이 판매한 거의 대부분의 제품을 알토 부부가 디자인했다. 최근에는 비슷한 양식을 추구하는 새로운 디자이너들의 작품도 판매하고 있다. 가장 중요한 고려 사항은 제품의 품질이다. 아르텍이 1930년대에 판매했던 제품들은 현재도 사용되고 있으며, 교체 부품 역시 생산 중이다. 코르호넨이 설립한 회사가 이 가구들을 제작하고 있다.

L자형 다리 제작 과정

L자형 다리 제작 과정은 이제 어느 정도 전산화되었지만 여전히 1930년대에 알토가 개발한 방식을 바탕으로 한다. 원재료는 핀란드산 자작나무로 품질이 뛰어난 것만 선별해서 이용한다. 목재는 6개월 동안 야적장에서 자연 건조시킨 후 톱을 이용해 반으로 자른다. 구조적인 결함이 없는 나무만이 최종 선택된다.

단단한 나무를 부채꼴 모양이 되도록 섬유소 방향대로 톱으로 자른다. 이제 얇게 잘린 자작나무 베니어판을 접착제를 이용해 홈에 붙이고 열과 증기가 가해질 때 나무가 90도로 휠 수 있게 만든다. 그 다음에 다리 조각을 밀폐된 공간에서 건조시키는데, 컴퓨터를 이용해 최종 습도를 정확하게 맞춘다. 그리고 깨끗이 닦아서 정확한 치수에 맞춰 톱질한 후 사포로 닦아 마무리한다. 마지막으로 래커칠을 하고 광택제를 바른다.

벽 램프 A910

제작사 아르텍
세부사양 흰색으로 칠한 금속이다.

알토는 다양한 조명 디자인을 선보였는데, 건물의 용도에 맞게 다르게 설계했다. 금속 띠 사이로 빛을 확산시키는 이 벽 램프는 아이노의 유리 제품인 〈웨이브 뷰〉의 골진 형태와 상당히 닮아 있다.

알토(사보이) 꽃병 1937

제작사 원래는 카르훌라, 현재는 이탈라
세부 사양 다양한 두께와 색상의 유리(가장 인기 있는 유리는 강렬한 블루베리 블루 색상의 맑고 투명한 유리)를 사용한다.

알토가 1937년 파리 세계박람회에 전시하기 위해 디자인했다. 물결치는 유기적인 형태의 기원에 대해서는 많은 설이 존재하는데, 원래 이름인 '에스키모 여성의 가죽 반바지'로는 예측이 쉽지 않다. 대부분의 사람들은 핀란드 호수에서 영감을 받았다고 믿는다. 아이노가 4년 전에 디자인한 제품이 기원이라는 설도 있다. 그녀가 디자인한 꽃병은 물결 모양으로, 다양한 길이의 꽃을 함께 꽂을 수 있다.

독특한 형태의 이 꽃병은 사용자로 하여금 사용 방법을 선택하게끔 한다. 꽃을 꽂아 놓거나 비워 놓거나 혹은 단독으로 사용하거나 여러 개를 함께 사용할 수 있다.

왼쪽: 〈알토 꽃병 Aalto Vase〉과 나무 거푸집 원본.

Alvar Aalto

Alvar Aalto

스툴, 모델 No. 60 ₁₉₃₂₋₁₉₃₃

제작사 아르텍

세부 사양 옻칠한 자작나무(흰색이나 검은색으로 착색 가능하다)로 제작하며, 좌석 부분은 자작나무 베니어판, 리놀륨, 합판, 천(아르텍에서 제작한 직물, 소비자가 직접 고른 직물이나 가죽) 중에서 선택 가능하다.

알토의 제품들 중 가장 잘 알려진 이 삼각 스툴은 구부러지는 L자형 다리를 사용했다. 알토는 이를 '건축학적 기둥의 여동생'이라고 불렀다. 다리는 의자 하부에 직접 부착할 수 있어 별도의 지지체가 필요 없다. 그가 디자인한 다른 의자와 스툴에서도 찾아볼 수 있다. 원래는 비푸리 도서관에서 사용하고자 디자인했는데, 다양한 용도로 인해 오늘날에도 널리 쓰인다. 예비 의자나 사이드테이블 등으로도 활용 가능하다.

다과 운반대, 모델 No. 98 ₁₉₃₅₋₁₉₃₆

제작사 아르텍

세부 사양 옻칠한 자작나무. 오늘날에는 〈다과 운반대 901 Tea Trolley 901〉이라는 모델명으로 생산된다. 흰색 바퀴가 눈에 띈다. 상부 선반은 검은색 리놀륨이나 흰색 합판으로 처리했다.

가구를 가장 순수한 형태로 환원하는 알바 알토의 능력이 잘 반영되어 있는 작품으로, 초기 디자인이다. 이 다과 운반대의 조각적 단순성은 상호작용을 불러일으킨다. 금속판보다는 나무를 선호했던 알토의 사상이 극명하게 나타나는데, 동글납작한 판으로 제작된 바퀴는 안정감과 부드러운 느낌을 동시에 자아낸다.

안락의자, 모델 No. 406 1938–1939

제작사 아르텍
세부 사양 옻칠한 자작나무. 리넨 띠, 누비 천, 가죽, 누비 가죽으로 덧씌울 수 있다.

알토가 1937년 파리 세계박람회에서 선보인 등받이가 뒤로 젖혀지는 긴 의자의 변형이다. 골조는 구부러지는 자작나무로 제작했으며, 앉는 부분과 등 부위는 띠로 만들었다. 알토가 디자인한 제품의 상당수는 복제품으로도 제작되었는데, 이 의자도 예외가 아니다.

파이미오 의자, 모델 No. 41 1931–1932

제작사 아르텍
세부 사양 골조는 단단하고 구부러지는 자작나무, 좌석 부위와 등받이는 코팅된 자작나무 합판이다.

소용돌이 모양의 이 의자는 원래 파이미오 결핵 요양원 강의실에서 사용하고자 제작되었다. 이후 1930년대 초에 런던, 파리, 뉴욕에서 전시되었는데 덕분에 알토는 국제적인 인지도를 얻었다. 이 의자 역시 그와 코르호넨이 나무를 구부리는 기술을 연구한 결과물로, 우아하고 편안하며 대량 생산에 용이하다. 물결치는 모양의 등받이와 좌석 부분은 하나의 코팅된 합판으로 제작되었으며, 단단하고 구부러지는 자작나무 골조에 걸쳐 있다. 특히 실루엣 측면에서 상당히 인상적이다. 부드러운 곡선 속으로 녹아들어 가는 느낌을 준다.

초기에 알토는 금속을 사용했지만 나무의 따뜻함과 인간적인 면 때문에 점차 나무를 선호했다. 이에 대해 미스 반 데어 로에는 숲에서 살았기 때문이라고 무시하듯 말했지만 알토의 작품이 인기를 얻고 영향력 있게 된 것은 모더니즘의 명료함과 간결성을 유기적인 형태, 즉 자연 재료와 결합시킨 능력 때문이었다.

Eero Aarnio

이에로 아르니오

핀란드 인테리어 디자이너 겸 산업 디자이너 1932-

헬싱키에서 태어난 이에로 아르니오는 1954년부터 1957년까지 헬싱키 기술협회에서 공부했다. 1962년에는 인테리어, 산업 디자인, 가구 디자인을 전문으로 하는 디자인 사무소를 설립했다. 이후 수년간 사진작가 겸 그래픽 디자이너로 일했다.

북유럽 전통을 공부한 그는 초기에는 자연 재료를 이용해 가구를 제작(일부는 수공예로 제작)했지만 1960년대 초반이 되자 플라스틱 기술이 제공하는 놀라운 가능성에 관심을 돌리기 시작했다.

당시 가구 디자인에 플라스틱을 사용하는 것은 혁신적인 발상이었다. 아르니오의 〈볼 의자 Ball Chair〉(1963)와 〈버블 의자 Bubble Chair〉(1968)는 활기찬 1960년대와 더불어 초현대적인 우주 시대의 미학을 전형적으로 보여 주었기에 수많은 사진과 공상 과학 영화에도 등장했다.

아르니오의 또 다른 주요 작품으로 〈포니 의자 Pony Chair〉(1937)와 〈파스틸리 의자 Pastilli Chair〉(1967)가 있다. 둘 다 화려한 색상으로, 재미있는 형태를 하고 있다. 더 최근의 작품으로는 아크릴로 만든 식탁과 금속 가구가 있다.

위: 이에로 아르니오의 여름 별장으로 그의 작품들 중 가장 많이 팔리는 〈버블 의자〉를 매달아 놓았다.

버블 의자 1968

제작사 원래는 아스코Asko, 현재는 아델타Adelta
세부 사양 모듈식의 아크릴, 강철 고리, 금속 서스펜션, 천으로 씌운 좌석 쿠션이다.

〈볼 의자〉의 성공 이후 아르니오는 〈볼 의자〉의 투명 버전을 제작하고 싶어 아크릴의 가능성을 연구했다. 아크릴은 열을 가해 불면 특정 형태를 만들 수 있는 특수하지만 까다로운 재료다. 반구형 아크릴 채광창 제작자에게 문의한 결과 기술적으로 가능했고, 〈볼 의자〉를 제작한 회사에서 〈버블 의자〉를 제작했다. 그러나 받침대는 투명하면서도 아름답게 만들 수 있는 방법을 찾지 못해 결국 천장에 매달았다.

볼 의자 1963

제작사 원래는 아스코, 현재는 아델타
세부 사양 금속 회전 받침대에 섬유 유리 몸체를 부착. 발포 고무와 섬유소 충전재를 넣은 천으로 씌웠다.
원래 색상 흰색, 빨간색, 검은색, 오렌지색이다.

아르니오의 첫 번째 결혼 생활 중 '커다란 의자'가 필요해 제작했다. 〈글로브 의자Globe Chair〉라고도 불리는데, 디자인 과정에서 형태가 점점 단순해졌다. 아르니오는 벽에 자신의 키 높이를 표시한 후 앉는 동작을 취할 때 머리가 움직이는 경로를 아내에게 그리게 하여 의자 높이를 결정했다. 합판으로 만들고 습식 여지로 주조했으며, 섬유 유리로 코팅했다. 가구 회사 아스코의 매니저 눈에 띄어 그로부터 3년 후인 1966년 쾰른 가구박람회에 출품해 큰 선풍을 일으켰다.

아르니오가 이용했던 〈볼 의자〉에는 전화기가 내장되어 있었으며, 스피커가 설치된 것도 있다. 부드러운 음향감과 밀폐된 공간은 사용자에게 독특한 경험을 제공한다.

오른쪽: 카이 보예센이 1938년에 디자인한 〈그랑프리 커트러리〉 세트 중 샐러드 스푼과 포크.

카이 보예센

덴마크 디자이너 1886-1958

Kay Bojesen

'특정 지식이 지나치게 많을 경우 멍청해진다'는 속담이 있지만 나는 공예가로서 응용미술 분야에서 훈련받은 경험 덕분에 이론적인 지식을 바탕으로 일하는 사람들과는 달리 다양한 디자인 분야에서 전문적인 경험이 있다는 이점이 있다.

— 카이 보예센

덴마크 디자인의 거장, 카이 보예센은 그가 1950년대에 디자인한 나무 장난감으로 가장 잘 알려져 있다. 수많은 북유럽 모던 디자이너처럼 그 역시 공예 분야의 경험이 풍부했으며, 다양한 재료가 제공하는 가능성을 직감적으로 파악하는 능력을 지녔다.

보예센은 원래 조각가 죠지 젠슨Georg Jensen의 작업실에서 은세공인으로 훈련받다가 이후 독일과 파리에서 일했다. 그러던 중인 1913년, 코펜하겐에 작업소를 차려 금속 장식품을 제작했다. 1931년에 덴마크 디자인 전시관인 덴 퍼머넨테Den Permanente 제작을 도우면서 모더니즘으로 전향했다.

1930년대, 1940년대, 1950년대에 그와 핀 율을 비롯한 덴마크 디자이너들은 보예센의 작업장에서 납작한 식기류와 기타 금속 제품을 생산했다. 보예센이 디자인한 작품 가운데 가장 우수한 평을 받는 것은 〈그랑프리 커트러리Grand Prix Cutlery〉다. 1938년에 디자인한 이 간결하고 유기적인 곡선의 식기류에 북유럽 모던 디자인의 모든 특징이 담겨 있다. 모델명은 1951년에 이 디자인이 밀라노 트리엔날레에서 그랑프리를 받아 유래했다. 이듬해에 그는 덴마크 왕가의 은세공인으로 임명되기도 했다.

오늘날에 그는 매력적인 목재 장난감 시리즈로 더욱 유명하다. 그중 일부는 덴마크 회사 로젠달Rosenthal이 아직도 생산하고 있다. 장난감의 대부분은 하마, 곰, 코끼리, 얼룩말 등의 동물로, 가장 유명한 것은 원숭이 모양 장난감이다. 흔들 목마, 장난감 병정, 기차, 자동차 장난감 또한 널리 사랑받고 있다.

왼쪽: 카이 보예센의 목재 장난감 시리즈 중 하나인 장난감 병정.

원숭이 1951

제작사 로젠달

세부 사양 움직이는 머리와 팔다리, 티크와 아프리카산 림바^{limba}로 제작되었으며 두 가지 크기로 제작 가능하다.

세대를 막론하고 덴마크의 어린아이들은 이 원숭이 장난감을 사랑한다. 이 원숭이는 '따뜻함'과 '유머'라는 인간적인 특징을 지닌 북유럽 모던 디자인 방식의 전형적인 예다. 섬세한 작업을 거쳐 제작된 장난감에는 독특한 개성이 담겨 있다. 머리와 팔다리가 움직이도록 제작했기 때문에 다양한 자세로 변형이 가능하다. 덴마크 야생동물 프로그램에 항상 마스코트로 등장하며, 퀴즈 쇼 상품으로도 주어진다.

Kay Bojesen

Nanna Ditzel

난나 딛젤
덴마크 가구, 직물, 그리고 보석 디자이너 1923-2005

난나 딛젤은 모국에서 명성을 얻은 몇 안 되는 여성 디자이너들 중 한 명이다. 그녀는 덴마크 코펜하겐에서 태어나 50년간 화려한 경력을 꽃피웠다.

딛젤은 리차드 스쿨에서 장식장 제작을 공부한 후, 왕립 예술학교 재학 시절에는 카레 클린트 밑에서 가구 디자이너로 훈련받았다. 그리고 응용예술학교에서 주로 페터 호비트Peter Hvidt에게 교육받았다. 그녀는 응용예술학교에서 천 가구 기술자인 요르겐 딛젤을 만나 결혼했다. 부부는 1946년에 디자인 스튜디오를 설립해 요르겐이 사망한 1961년까지 함께 수많은 작품을 배출했다.

1950년대에 딛젤 부부는 죠지 젠슨에서 보석을 제작하기도 했다. 물결치는 유기적인 형태의 이 보석은 1954년 밀라노 트리엔날레에서 상을 받았다. 부부는 가구도 제작했다. 이 기간에 탄생한 가장 유명하고 인기 있는 작품은 〈행잉 의자Hanging Chair〉(〈해먹 의자Hammock Chair〉라고도 불림, 1957)와 〈링 의자Ring Chair〉(1957)를 비롯해, 포개어 쌓을 수 있는 어린이 가구 시리즈였다.

난나 딛젤은 남편의 사망 후 발포 고무, 섬유 유리 같은 새로운 소재를 실험했다. 또 〈할링달Hallingdal〉(1964)이라는 원단을 디자인했다. 그것은 다양한 원색으로 만들어진 트위드 천으로 오늘날에도 생산되며, 전형적인 모던 디자인 제품들을 씌우는 데 널리 사용된다. 현재는 덴마크 기업 크바드라트Kvadrat가 제작한다.

그녀는 1968년에 재혼하여 영국으로 이사했다. 그곳에서 국제적인 가구 회사인 인터스페이스Interspace를 설립해 자신이 디자인한 제품을 계속 판매했으나 1986년에 재혼한 남편이 사망하자 다시 코펜하겐으로 돌아왔다. 당시 80대 초반이라는 고령에도 불구하고 덴마크의 주요 가구 제작업체인 프레데리카Frederica와 함께 일하기 시작해 〈2인용 의자Bench for Two〉(1989)와 〈트리니다드 의자Trinidad Chair〉(1993)를 디자인했다.

난나 딛젤의 작품들은 그녀의 일생 동안 전 세계에서 수많은 상을 받았다.

오른쪽: 난나 딛젤의 집으로 그녀가 1993년에 디자인한 〈트리니다드 의자〉한 쌍이 보인다.

행잉 의자 1957

제작사 원래는 코펜하겐 아마게르토르프Amagertorv의 벵글러Wengler에서 제작
세부 사양 방수가공한 철골조, 쇠사슬 서스펜션, 직조한 등나무. 그리고 좌석 부분은 면직물이다.

달걀 형태의 이 의자는 딛젤 부부가 코펜하겐 아마게르토르프의 벵글러에서 디자인한 고리버들wicker 가구 시리즈의 일환이었다. 고리버들을 사용하여 특유의 아늑함과 촉감을 표현한 타원형 의자는 간결성과 유기적인 형태가 결합된 전형적인 북유럽 모던 디자인이다.

Nanna Ditzel

북유럽 모던 디자이너들과 그들의 작품

링 의자 1958 (2007년부터 〈소시지 의자〉로 재발매)

제작사 원래는 케르테민데Kerteminde, 콜드 사바에르크Kold Savvaerk, 현재는 아르텍
세부 사양 원래는 자작나무나 단풍나무, 체리나무를 합판으로 하여 다리를 제작했으나 현재는 무광택 처리한 오크나무로 제작한다. 등받이와 좌석 부분은 검은색이나 빨간색 할링달 원단으로 씌운다.

딛젤이 초창기에 디자인한 의자, 안락의자 등은 당시의 수많은 덴마크 디자인처럼 전통적인 형태를 간결하게 표현한 것으로, 카레 클린트로부터 영향을 받았다. 팔과 등 부위는 하나의 푹신한 링으로 제작했다. 이 링은 신체를 지지하도록 적당한 위치에 놓여 있는데, 등 쪽으로 오목하게 들어가 있어 앉는 사람이 자연스럽게 편안한 자세를 취할 수 있게 한다. 또한 아래로 갈수록 좁아지는 다리가 링을 지지하고 있어 디자인에 명료성을 부여한다.
2005년 아르텍은 이 의자에 딛젤이 디자인한 할링달 원단을 씌워 다시 발매했다.

티아스 엑크홉

노르웨이 식기류, 유리 및 가구 디자이너 1926-2016

티아스 엑크홉은 노르웨이에서 가장 유명한 디자이너로 북유럽 모던에 지대한 영향을 미쳤다. 덴마크, 스웨덴, 핀란드산 제품이 국제적으로 큰 관심을 받는 동안 그의 작품(상당수가 수상했고 박물관에 전시되어 있다)들은 노르웨이도 그 대열에 오르는 데 크게 기여했다.

엑크홉은 다재다능한 디자이너로 덴마크 도예 공방에서 견습생으로 일하며 이 분야에 발을 디뎠고, 그 후 오슬로 미술 디자인대학에서 공부하고 1949년에 졸업했다. 같은 해에 당시 모더니즘을 실행 중이던 포스그룬 Porsgrund이라는 도자기 공장에서 디자이너로 일하기 시작했다. 1952년에는 커피와 찻잔 세트 〈더 플루티드 원 The Fluted One〉을 디자인해 큰 성공을 거두었으며, 1953년부터 1960년까지는 포스그룬의 예술 감독으로 일했다.

1950년대와 1960년대에는 도자기뿐 아니라 유리 제품과 문 관련 부품 같은 금속 제품도 디자인했다. 1953년에는 죠지 젠슨에서 디자인한 은식기 덕분에 국제적으로 인정받았으며, 노르스크 스탈프레스 Norsk Stalpress에서는 〈마야 Maya〉(1961) 같은 식기류 제품을 디자인하기도 했다.

훗날 그는 플라스틱의 가능성에 관심을 가져 수많은 의자의 좌석 부분을 사출성형(플라스틱을 가열·융해시킨 후 고압으로 금형 내에 사출하여 압력을 유지한 채로 냉각 고화시켜 성형하는 방법*) 방식으로 디자인하기도 했다. 많은 상을 받은 엑크홉은 노르웨이 디자인 증진에 기여한 공로를 인정받아 81세가 되던 해에 노르웨이 왕국 성 올라브 Royal Norwegian Order of St Olav의 사령관으로 임명되었다.

더 플루티드 원 1952

제작사 포스그룬

세부 사양 흰색 도자기로 만든 커피와 찻잔 세트다.

엑크홉은 간결성과 기능주의를 우선시했지만 아름다움을 포기하지도 않았다. 이를 위해 완벽한 해결책을 찾아냈다. 더 플루티드 원에서는 부드럽게 굽이치는 질감을 통해 정제된 형태를 절제된 촉감 속에 녹여냈다.

마야 식기류 1961

제작사 노르스크 스탈프레스

세부 사양 스테인리스강 식기류다.

금속 디자인에도 능숙했던 그는 다양한 식기류를 제작했는데, 그중 세계적으로 가장 유명한 것이 〈마야〉 식기류다. 나이프, 포크, 스푼은 각자의 순수하고 본질적인 형태로 환원된 듯하다. 다른 북유럽 모던 제품들처럼 사용자의 사용을 유도하며, 현대적인 디자인이면서도 전통적인 형태를 고수한다.

위·아래: 〈더 플루티드 원〉 커피 잔과 찻잔 세트.

카이 프랑크
핀란드 디자이너 1911-1989

Kaj Franck

사물은 디자이너의 이름이 아니라 각자의 조건에 맞추어 설계되어야 한다. 디자인은 이 조건의 중요한 부분이다.
— 카이 프랑크, 1966년에 작성한 글에서 발췌

아래: 〈티마 식기류〉 중에서 밝은색의 머그들.

'핀란드 디자인의 양심'이라 불리는 카이 프랑크는 도자기와 유리 제품으로 유명하지만 직물과 전시회 디자인에도 참여했다. 그의 작품은 북유럽인의 전형적인 이중성을 보여 준다. 프랑크는 세상에 단 하나밖에 존재하지 않는 상당히 개인적인 예술품이나 장식품을 제작했을 뿐만 아니라 익명의 중요성을 상징하는 평범한 일상 제품들도 만들었다.

프랑크는 실내 건축가 교육을 받았으며, 1932년에 헬싱키 공과대학을 졸업했다. 전쟁이 발발하기 전까지는 쇼윈도 장식가, 인테리어 디자이너, 직물 디자이너로 일했다. 1940년에는 잠시 아르텍에서 일하며 유명한 원단인 〈푸트키노트코Putkinotko〉와 〈레몬Lemon〉을 디자인했다.

제2차 세계대전 후에는 헬싱키에 위치한 도자기 제조사 아라비아에서 일했다. 1930년대에 아라비아는 대량 판매 시장을 위해 실용적인 제품 개발을 시작했는데, 전후 기간 동안 북유럽 모던이라는 기치 아래 꽃피웠다.

이러한 사조를 이끈 주요 인물은 쿨트 에크홀름Kurt Ekholm(1907-1975)이었다. 스웨덴에서 디자이너로 교육 받은 그는 1932년 아라비아에 예술 부서를 설립했다. 에크홀름은 기능주의로부터 영향을 받아 좋은 디자인은 모든 사람이 구입할 수 있어야 한다고 생각했다. 때문에 아라비아에서 제작한 〈시니발코Sinivalko〉(화이트-블루) 제품은 단순한 흰색 식기에 파란색 띠를 두른 디자인으로, 빌헬름 코게의 〈프락티카〉와 닮았다.

프랑크는 아라비아에서 일하면서 디자인이 사회 변화의 동인이 될 수 있다고 확신했다. 1946년부터 1961년까지 그는 디자인 및 기획 스튜디오 관장으로서 완전히 새로운 식기류 디자인을 추진했다. 저렴하지만 매력적이며 상차림만 아니라 요리에도 사용할 수 있는 디자인이었다.

〈킬타Kilta〉(1951)는 다목적 디자인의 전형적인 예다. 너무 혁신적인 나머지 프랑크의 디자인 스튜디오는 고객들에게 이 제품의 호용에 대해 설명해 주어야만 했다. 이 시리즈는 매일 사용하는 접시와 접대용 접시, 요리용 접시와 상차림용 접시를 구분하는 대신에 모든 기능을 하나의 매력적인 패키지 안에 담았다. 내열 도기로 만든 이 제품은 다양한 단색으로 제작되었다. 형태가 단순해 특정 그릇을 다른 제품들과 섞어 사용할 수 있으며, 개별적으로 디자인되었기에 소비자가 전체 제품을 구입할 필요가 없었다.

1950년대에 들어서 아라비아의 제품들이 널리 알려졌다. 프랑크의 지도로 아라비아의 디자이너들은 특히 1951년, 1954년, 1957년 밀라노 트리엔날레에서 수상의 영광을 거머쥐며 국제적인 찬사를 받았다.

또한 1950년부터 1976년까지, 누타야르비Nuutajarvi 유리 제작소의 예술 감독으로 일하며 디자인 작업을 하기도 했다. 그 후에는 이탈라와 잠시 일하면서 〈카르티오Kartio〉 주전자와 유리 제품 시리즈를 디자인했다.

그 외에도 프랑크의 작품들은 국제 전시회에 여러 차례 선보이며 많은 상을 받았다. 그는 영향력 있는 디자인 이론가 겸 교사이기도 했다.

티마 식기류 1977–1980, 킬타 1952를 바탕으로 제작

제작사 아라비아

세부 사양 부드러운 색상으로 제작된 도자기 식기류 시리즈로 19개의 접시로 구성된다.

프랑크의 마지막 디자인 프로젝트의 하나는 〈킬타〉 제품을 다시 디자인해 아라비아가 재판매할 수 있게 하는 것이었다. 이 제품을 통해 그는 '그릇을 부수겠다'는 목표를 실현했다. 프랑크는 평범한 가정이 구매하기에 지나치게 비싼 그릇 세트를 제작, 판매하는 전통에서 벗어나고자 했다. 마찬가지로 〈티마 Teema〉 세트 또한 필요와 용도에 따라 별도로 구매하고 쉽게 교체할 수 있도록 시리즈임에도 개별적으로 디자인했다.

이 제품에는 단순한 기하학적 형태(원, 사각형, 원뿔)와 실용성 모두를 추구한 그의 열망이 잘 반영되어 있다. 손잡이를 비롯한 기타 불필요한 세부 장식을 피해 다양한 용도로 사용할 수 있게 했으며, 접시 가장자리에 쉽게 다른 접시들을 쌓을 수 있게 만들었다. 또한 핀란드 풍경에서 영감을 받아 주로 부드러운 색상을 사용했다.

카르티오 유리 제품 1958

제작사 이탈라

세부 사양 다양한 색상으로 제작되는 텀블러, 주전자, 꽃병 등의 유리 제품 시리즈다.

반세기 전에 제작된 〈카르티오 Kartio〉 유리 제품은 순수한 형태를 갈구하던 프랑크 디자인의 전형적인 예다. 카르티오는 핀란드어로 '원뿔'을 뜻한다. 그는 일상 용품을 본질로 환원시킴으로써 시간이 지나도 변치 않는 특징을 유지시켰다.

프랑크는 색을 다루는 데에도 일가견이 있었다. 1950년대에는 이탈리아에서 공부하며 유리 제품에 사용되는 색소가 만들어지는 과정을 공부하기도 했다. 때로는 화려한 색상을 활용하기도 했지만 실용적인 제품에는 부드러운 색을 사용해 그 안에 담긴 음료와 음식이 부각되도록 했다.

포올 헨닝센

Poul Henningsen

덴마크 건축가 겸 조명 및 가구 디자이너 1894-1967

덴마크의 작은 마을 오드럽Ordrup에서 태어난 포올 헨닝센은 코펜하겐에 위치한 공업학교와 덴마크 공대에서 건축가 교육을 받았다. 1920년에는 건축 사무소를 열어 주택, 공장, 티볼리 정원, 극장 인테리어 등을 담당했다. 열성적인 사회주의자이자 거침없는 논평가로, 카레 클린트와 함께 건축 잡지 「크리티컬 리뷰Critical Review」의 공동 편집자로 일하기도 했다.

어린 시절부터 헨닝센은 조명에 관심이 많았다. 특히 유년기에 방 안을 비추던 부드러운 가스 조명을 전기 광원으로 재구현하고자 했다. 그리고 가정이나 공공 공간에서 당시로는 신기술이던 전구를 얼마나 형편없이 활용하는지를 목격했다.

이 기술이 도입된 초기에는 전기 조명 사용이 부의 상징이었으며, 갓을 씌우는 경우는 드물었다. 초기에는 전력량이 높지 않아 크게 문제되지 않았지만 얼마 가지 않아 눈부심 현상이 발생했다. 또 조도가 훨씬 높은 광원을 누그러뜨리지 않은 채 전구를 가스 조명의 직접적인 대체물로 사용한 결과, 내부 공간이 '음침'해지고 말았다.

헨닝센은 새로운 기술이 '조명 속에 푹 빠질 수 있는 가능성을 선사해 주었지만' 그로 인해 조화와 아늑함은 사라졌다고 했다.

포올 헨닝센은 건축 사무소를 열기 한참 전부터 조명 디자인을 실험했다. 다양한 재료를 사용하고 사물을 과학적으로 이용했으며, 빛의 발산과 반사각을 공부했다. 이 연구의 성과로 1920년대 중반에 혁신적인 〈PH〉 시리즈가 탄생할 수 있었다. 이 시리즈의 첫 번째 디자인은 1924년 덴마크 조명 현상 공모에서 온갖 상을 수상했으며, 1925년 파리 국제 미술품전시회 덴마크관에 전시되어 금메달을 받았다.

식탁 조명과 천장에 매다는 조명으로 이루어진 〈PH〉 시리즈는 〈파리 램프Paris Lamp〉와 같은 원리로 제작되었으며, 덴마크의 조명 제작사인 루이스 폴센Louis Poulsen에서 생산되었다. 이후 수많은 변형을 거쳤으나 여전히 생산 중이다.

원래 가정에서 사용하고자 유백색 유리로 제작했지만 상업 건물과 공공건물에 처음 적용되었다. 빛을 발산하고 눈부심을 줄이기 위해 꼼꼼하게 배치된 개별적인 '잎' 혹은 요소가 특징이다. 〈PH〉 시리즈는 밝은 집중 조명을 사용해 지나치게 강한 명암을 제공하는 대신 요소들을 서로 겹쳐지게 하여 훨씬 편안한 빛을 제공한다.

57쪽: 〈솔방울 펜던트 램프Artichoke Pendant Lamp〉는 놀라운 초점을 제공한다. 조명의 세련된 잎은 빛을 부드럽게 발산시킨다.

Poul Henningsen

PH 5 *1958*

제작사 루이스 폴센
세부 사양 알루미늄으로 제작된 펜던트 조명으로, 회색이나 흰색으로도 제작이 가능하다.

덴마크 디자인의 모범 사례이자 현재까지도 인기 높은 이 조명은 식탁 위에 낮게 걸도록 디자인되었다. 눈부심이 전혀 없다는 것이 최대 장점이자 특징이다. 이 제품은 빛의 발산을 집중적으로 연구한 결과 탄생되었는데, 갓의 가장 넓은 부위 지름이 50cm라 이런 이름이 붙었다.

세 개의 갓과 원뿔, 두 개의 작은 갓으로 구성된다. 세 개의 갓은 직사광을 수직적·수평적으로 반사시키며, 두 개의 작은 갓인 붉은색 갓과 푸른색 갓은 백열광원의 색상을 조정하기 위해 설계되었다. 이 디자인은 초기 〈PH〉 시리즈를 상당히 개선한 것으로, 어떠한 유형의 전구를 사용하더라도 눈부심 현상이 없다.

〈PH〉 시리즈는 가정에서 사용되어야 한다고 생각했다. 이 램프의 특징과 현대적인 외관을 고려하면 사무실과 공공건물에서 먼저 사용되어야겠지만 나는 가장 어렵고도 고귀한 목표를 염두에 두고 제작했다. 바로 가정 안에서의 조명이다. 집과 그곳에 거주하는 사람들을 아름답게 만들어, 그들에게 편안하고 평화로운 공간을 만들어 주는 것이 나의 목표다.
— 포올 헨닝센

PH 솔방울 펜던트 램프 1958

제작사 루이스 폴센
세부 사양 구리 혹은 스테인리스강으로 제작되었다. 흰색으로, 세 가지 크기로 제작 가능하다.

본래는 코펜하겐에 위치한 레스토랑 '랑겔리니 파빌리온Langelinie Pavilion'을 위해 구상된, 눈부심이 전혀 없는 펜던트 조명이다. 역시 어느 각도에서도 광원을 볼 수 없다.

총 72개의 '잎'으로 구성되어 있는데, 각각의 잎은 12개의 철재 아치에 부착되어 있다. 이 잎(혹은 날개)은 12개의 원형 열로 정렬되어 있으며, 한 열에 6개의 잎이 배열된다. 이것을 간격을 두고 배치함으로써 마치 솔방울을 연상시키는 유기적인 형태가 탄생했다. 큰 공간에 설치하기 위해 디자인된 이 램프는 존재감이 확실하다. 무게 때문에 강철 케이블을 사용해 매단다.

Poul Henningsen

> 저녁 시간에 전차에서 1층에 위치한 집을 내려다보면 그 음침한
> 분위기에 몸서리치게 된다. 조명에 비하면 가구, 카펫, 스타일 등은
> 상대적으로 훨씬 덜 중요하다. 방에 제대로 된 조명을 제공하는 일은,
> 돈은 들지 않지만 큰 변화를 요한다.
> – 포올 헨닝센

Knud Holscher
크누드 홀셔
덴마크 건축가 겸 산업 디자이너
1930–

디자인은 셔츠의 단추와 같아야 한다. 관심을 끌지만 아무 생각 없이 사용할 수 있는 정도가 이상적이다.
– 크누드 홀셔, 2003

D라인 건축 자재 *1972*

제작사 원래는 카를 F, 현재는 D라인 인터내셔널
세부 사양 유광 스테인리스강으로 만든 건축 자재와 위생용품이다.

크누드 홀셔는 유명한 덴마크 건축가로 덴마크의 공공과 민간 분야에서 두루 수많은 건물을 설계했다. 세계적으로는 산업 디자이너로 잘 알려져 있으며, 특히 〈D라인 D-line〉 건축 자재로 유명하다.

홀셔는 덴마크 왕립 미술 아카데미에서 아르네 야콥센 밑에서 공부하며 건축 교육을 받았고, 1957년에 졸업했다. 1960년대 초에는 아르네 야콥센의 건축 사무소에서 일하며 옥스퍼드 성 캐서린 대학 건설을 총괄했다.

이 기간에 함께 일했던 영국 디자이너 알란 타이 Alan Tye 와 인연을 맺어 1964년에 디자인 제휴를 했다. 두 사람의 합동 작업 결과로 건축 자재 〈모드릭 Modric〉 시리즈가 탄생할 수 있었고, 1965년에는 영국 디자인상을 수상했다.

1967년에 홀셔는 덴마크의 유명 건축 사무소인 크로흔&하트빅 라스무센 Krohn&Hartvig Rasmussen 의 파트너가 되었고, 1995년에 퇴직해 자신이 세운 크누드 홀셔 디자인 사무소를 도맡아 운영했다. 그가 진행했던 여러 공공 및 민간 분야 프로젝트 중에서 코펜하겐에 위치한 덴마크 왕립 극장 Royal Danish Theatre (1978)과 코펜하겐 공항 Copenhagen Airport (1983)을 대표적으로 꼽을 수 있다.

홀셔가 산업 디자이너로 큰 두각을 나타낸 데에는 〈D라인〉 건축 자재(1972)가 많은 상을 받으며 국제적으로도 큰 성공을 거둔 공로가 크다. 그의 사무실은 강철 가구와 사인물을 비롯해 여러 수상작을 배출했다.

〈D라인〉 철기류 시리즈를 모르는 건축가는 없을 것이다. 전 세계의 건축가들이 건물과 실내장식에 이 제품을 사용한다. 이 시리즈는 현재 동일한 디자인 콘셉트를 바탕으로 하는 3,000개에 달하는 제품(U자형 문손잡이, L자형 문손잡이 등)으로 구성되어 있다.

홀셔는 옥스퍼드의 성 캐서린 대학 디자인을 총괄하면서 건축 자재에 관심을 갖기 시작했다. 야콥센은 건물에 통일성을 부여하고자 건축 자재와 세간을 사무실에서 직접 디자인했다. 당시에 야콥센 밑에서 일했던 홀셔는 잘 조화된 철기류를 구상하기 위해 다양한 책자를 뒤적였다고 회상한다. 1960년대 초에는 그러한 제품이 존재하지 않았던 것이다.

홀셔가 오덴세 Odense 에 위치한 대학 설계 현상 공모에 당선되자 도구 제조사인 카를 F 소유주가 그에게 스테인리스강으로 고품질의 건축 자재를 만들어 달라고 요청했다. 강철관을 아주 섬세하게 구부릴 수 있는 기술적인 혁신 덕분에 이 제안은 비로소 현실이 될 수 있었다.

그 결과 탄생한 〈D라인〉 건축 자재는 인간적인 모더니즘이 반영된 클래식한 제품이다. 자재의 지름은 제품 전체에 걸쳐 동일하기 때문에 균형감과 안정감이 있다.

Peter Hvidt & Orla Mølgaard-Nielsen

페터 호비트 & 오를라 묄가르드-닐센

페터 호비트
덴마크 가구 디자이너 1916-1986

오를라 묄가르드-닐센
덴마크 가구 디자이너 1907-1993

장식장 제작자 겸 디자이너인 두 사람은 1944년과 1975년에 함께 일해 북유럽 모던 미학, 특히 덴마크 모던의 진수를 보여 주는 수많은 가구를 탄생시켰다. 둘 다 장식장 제작 분야에 경험이 있었으며, 코펜하겐 예술 공예학교에서 공부했다. 오를라 묄가르드-닐센은 카레 클린트에게서도 교육받았는데, 클린트는 학생들에게 가구 디자인을 할 때에는 인간의 치수와 자세를 고려해야 한다고 가르쳤다. 때문에 두 사람의 작품에서도 전통적인 형태를 개선하고자 했던 클린트의 철학이 보였다.

초기에 성공을 거둔 작품은 〈포텍스 의자Portex Chair〉(1944)였다. 티크재로 만든 이 독창적인 의자는 대량 생산을 염두에 두고 제작되었다. 하지만 이들이 진짜 돌파구를 맞이한 것은 덴마크 가구 제작자 프리츠 한센과 일하기 시작하면서부터다. 당시에 프리츠 한센은 합판을 이어 붙이는 기술을 활용했는데, 이것은 테니스 라켓 제조에 사용되는 기법으로 품질을 저하시키지 않고도 빠른 생산이 가능했다.

그들의 가장 상징적인 제품 역시 프리츠 한센에서 디자인한 〈AX 의자AX Chair〉(1947-1950)였다. 이 의자는 〈AX 테이블AX Table〉과 함께 제작되었다. 그들은 프랑스&선France&Son, 쇠보르그 뫼벨파브리크Søborg Møbelfabrik 같은 제작사에서도 주로 티크재를 사용해 제품들을 생산했다. 이 제품들은 북유럽 모던의 우아함을 반영하며, 상당수는 핀 율의 영향을 받아 조각적인 성격도 띤다.

AX 의자 1950

제작사 프리츠 한센
세부 사양 다양한 변형으로 출시, 좌석과 등받이 부분은 합판으로 된 곡선형 너도밤나무로 제작되었으며, 다양한 〈AX 테이블〉과 함께 출시되었다.

1947년에 디자인해 1950년에 수정된 〈AX 의자〉는 둘의 합작이 이루어 낸 최고의 결과물이다. 미국의 가구 디자이너 부부인 찰스 임스와 레이 임스의 작품에서 영감을 받아 제작되었으며, 1950년대에 북유럽에서 가장 잘 팔리는 의자들 중 하나가 되었다. 많은 상을 수상하며 널리 전시되었으며, 1951년에는 뉴욕 현대미술관이 후원하는 '굿 디자인' 전시회에 출품되기도 했다.

좌석과 등받이 부위를 분리시켜 별도로 포장할 수 있도록 디자인했기에 해외 거래를 위한 운송도 용이했다. 이 의자는 몇 가지 변형으로 출시되었고 다양한 〈AX 테이블〉과 함께 제작되었다. 두 사람의 다른 작품들과 마찬가지로 기존 의자 디자인에서 근본적으로 벗어난 것이 아니라 발전된 기술을 적용해 전통적인 형태를 미묘하게 개선시켰다. 아름다운 외관, 편리함, 고품질 등의 덴마크 디자인이 갖는 특징이 잘 녹아 있는 작품이다.

마이야 이솔라
핀란드 직물 디자이너 겸 예술가 1927-2001

커다란 꽃 정물화가 젖은 채로 바닥에 펼쳐져 있다. 말려지기를 기다리며⋯⋯. 요거트 담는 병을 그린 그림, 사방에 놓인 신문, 마룻바닥에 놓인 꽃병에 꽂힌 꽃⋯⋯ 심홍색의 커다란 장미, 작고 향기로 우며 털이 수북한 분홍색 장미, 노란색과 오렌지색, 그리고 흰색이 섞인 양귀비, 다양한 보랏빛 색조의 카우슬립 앵초, 검은색 튤립과 이름 모를 작은 암적색 꽃까지.

— 마이야 이솔라, 파리에서 딸에게 쓰는 편지, 1970

해, 그녀가 방문한 전 세계의 국가 등이다. 여행 중 그렸던 스케치와 그림은 훗날 무늬로 재탄생되었다. 이솔라의 산뜻한 그래픽 디자인과 강렬한 색상은 상당한 영향력이 있어, 500개가 넘는 패턴들 중 50개는 여전히 생산되며 인기를 끌고 있다.

마이야 이솔라는 오랫동안 핀란드 직물 회사 마리메코에서 일하면서 이 회사에서 가장 인기 있는 디자인의 상당수를 제작했다. 그녀가 디자인한 작품들은 오늘날까지 널리 활용되고 있다. 침구류와 샤워 커튼에서부터 고무장화와 지팡이에 이르기까지, 다양한 제품에서 그녀의 디자인을 볼 수 있다.

이솔라가 처음 디자인한 과감한 꽃무늬 〈우니코 Unikko〉(양귀비, 1964)는 최근 다시 큰 인기를 끌면서 명실상부 마리메코를 상징하는 무늬로 자리 잡았다.

그녀는 헬싱키 중앙 예술 공예학교(현 예술 디자인대학)에서 직물을 공부했다. 1949년에 졸업하고서는 같은 해 설립된 직물 회사 프린텍스Printex에서 일을 시작했다. 당시 핀란드는 전쟁 때문에 의류 공급이 부족했는데, 프린텍스는 이 수요를 충당하고자 설립되었다.

그녀는 프린텍스에서 스크린 인쇄 면직물들을 디자인한 후, 인테리어 가구와 의류를 통해 프린텍스의 직물을 홍보하기 위해 1951년에 설립된 프린텍스의 자회사 마리메코로 옮겼다.

이솔라의 유명 작품 상당수는 마리메코가 국제적으로 자리 잡기 시작한 1960년대에 제작되었다. 마리메코는 1950년대에 한 차례 위기를 맞았지만 1958년 브뤼셀 세계박람회에 자사 제품을 선보인 후, 특히 미국에서 해외 주문이 끊이지 않아 국제 무대에서 발판을 다질 수 있었다.

예술가이자 직물 디자이너로서 그녀는 다양한 출처에서 영감을 얻었다. 민속공예, 현대미술, 자연을 비롯

우니코 1964

제작사 마리메코

세부 사양 프린트된 면직물로, 다양한 색상과 크기로 제작되었다. 테플론 코팅된 면으로도 제작이 가능하다.

이솔라는 자연에 관심이 많았다. 1950년대에는 실제 식물을 사용해 무늬를 제작하는 포토그램 기법으로 자연적인 무늬를 만들었다. 그녀는 대담한 기하학 스타일을 활용하기도 했는데, 두 방식이 합쳐져 마리메코에서 가장 인기 있는 직물 〈우니코〉가 탄생했다.

마리메코의 모회사 프린텍스는 직물 디자인의 새로운 방향을 추구하고자 했지만 전쟁 직후 활용할 수 있는 것이라고는 재미없는 꽃무늬뿐이었다. 1964년에 마리메코가 더 이상 꽃무늬 직물을 제작하지 않을 것임을 공식 발표하자, 이솔라는 이를 하나의 도전 과제로 보고 밝은색 양귀비 무늬를 제안했다.

아이러니하게도 이 무늬는 현재 마리메코의 공식 무늬다. 다양한 제품이 출시되고 있으며, 이솔라의 딸 크리스티나는 아이들을 위해 〈미니 우니코 Mini-Unikko〉를 제안하여 새로운 색상을 선보이기도 했다.

위: 1964년에 제작된 오리지널 〈우니코〉 디자인.
아래: 〈우니코〉 디자인의 현대판 소규모 버전인 케이주 Keiju 화장품 가방과 〈미니 우니코〉 접시.

Maija Isola

로키 Lokki(갈매기) 1961

제작사 마리메코
세부 사양 100% 면에 인쇄했으며, 세 가지 색으로 제작 가능하다. 113cm 간격으로 무늬가 반복된다.

이 클래식한 그래픽 무늬는 마이야 이솔라가 1960년대에 제작한 대규모 디자인 가운데 하나다.

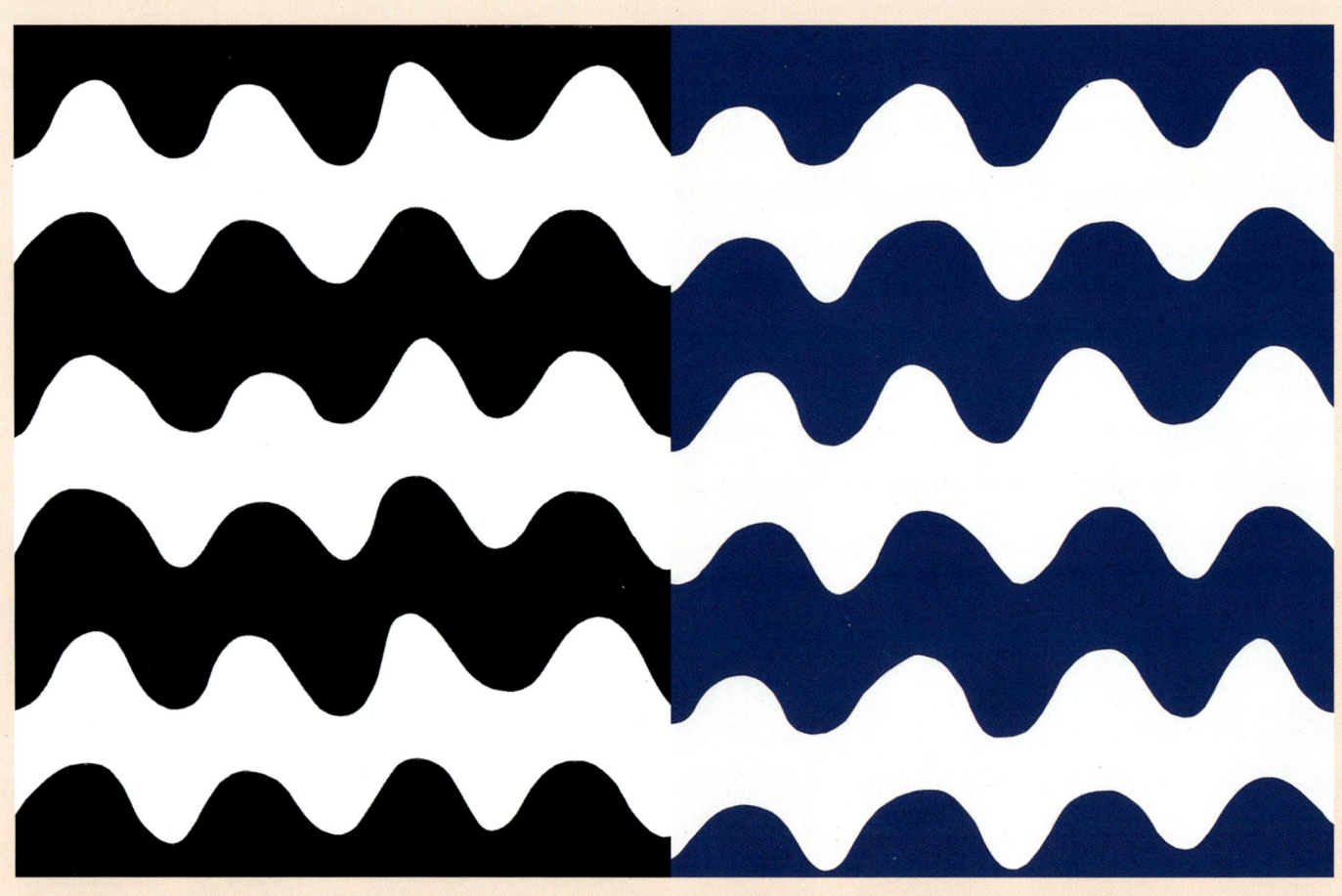

카이보 Kaivo(우물) 1964

제작사 마리메코
세부 사양 100% 면에 인쇄했으며, 다양한 색상으로 제작 가능하다. 86cm 간격으로 무늬가 반복된다.

아프리카 부족 예술에서 영감을 받아 디자인했다. 이솔라의 딸인 크리스티나 이솔라는 어머니가 1960년대에 제작한 이 패턴에 여러 가지 새로운 색상을 입혔다.

오른쪽: 아르네 야콥센과 플레밍 라센이 1929년에 디자인한 초창기 콘셉트 하우스 미래의 집.

아르네 야콥센
덴마크 건축가 겸 디자이너
1902-1971

바라보기 즐겁고 감탄스러운 건물은 비례감이 좋다. 절대적인 조건이다. 다음으로 중요한 것은 재료다. 잘못된 재료를 사용해서는 안 된다. 그 다음이 색상이다. 그것은, 이를테면 전체적인 건물의 인상이다.

— 아르네 야콥센

아르네 야콥센은 북유럽 모던 디자인의 거장이다. 국제적인 명성과 성공에 있어 그에게 대적할 만한 상대는 오직 알바 알토뿐이다. 수많은 작품을 배출한 다재다능한 디자이너로서, 국립은행에서부터 블라인드 끝자락의 작고 동그란 손잡이까지 아르네 야콥센은 광범위한 분야의 디자인을 담당했다. 또한 덴마크와 해외의 랜드마크 건물을 여럿 디자인했다.

야콥센은 코펜하겐에서 태어났다. 포르투갈 출신 유대계인으로 아버지는 안전편과 잠금장치 도매상이었고, 어머니는 은행원이자 아마추어 화가였다. 연로했던 부모는 아들을 기숙사에 보내기로 결정했다. 야콥센은 그곳에서 플레밍 라센Flemming Lassen을 만났다. 두 사람은 훗날 많은 건물 프로젝트를 함께 작업한다.

그는 학창 시절부터 시각 디자인 분야에서 뛰어난 소질을 보였다. 미스 반 데어 로에와 르 코르뷔지에 같은 초창기 모더니스트들로부터 영감을 받아 집 내부를 흰색으로 칠해 부모를 경악하게 만든 적도 있었다. 그림에 뛰어난 소질을 보였고, 자연학에도 관심이 많았다. 원래 화가가 되려고 했지만 건축가가 되는 편이 낫다는 아버지에게 설득당했다.

야콥센 역시 실용성과 예술성 모두에서 경험을 쌓았다. 코펜하겐 응용미술대학에서 석공으로 훈련받은 후, 덴마크 왕립 미술 아카데미에서 건축을 공부해 1927년에 졸업했다.

학창 시절에 그는 여행을 많이 다니면서 국제적인 디자인 추세를 파악했다. 특히 에릭 군나르 아스푸룬드에게 큰 영향을 받았는데, 그에게서 좋은 디자인을 위해서는 재능만이 아니라 성실한 자세 또한 중요하다는 것을 배웠다.

야콥센은 졸업한 지 2년 후에 플레밍 라센과 전시 공간을 공동으로 디자인했다. '미래의 집The House of Future'으로 불리는 이 공간은 모더니즘 양식으로 지어졌다. 흰색 콘크리트로 지어진 이 원형 집은 지붕에 헬리콥터 이·착륙지가 있고, 도어매트에 진공청소기가 내장되어 있어 거주자나 방문자가 집으로 들어올 때에 신발에 묻은 먼지를 제거해 준다.

처음으로 맡은 주요 프로젝트는 1932년, 해안가 리조트 벨뷰Bellevue에 위치한 위락 시설이었다. 야콥센이 이 프로젝트에서 활용했던 통합적인 디자인 기법은 그의 후기 작품들의 주요 특징으로 자리 잡았다. 벨라 비스타 아파트Bella Vista Apartments 블록과 벨뷰 극장Bellevue Teatret 외에도 인테리어, 가구, 안전 요원 직무실, 아이스크림 포장과 티켓 디자인도 담당했다. 극장 객석은 곡선형의 대나무를 입힌 발코니와 물결치는 모양의 구부러지는 합판 의자로 장식했다.

1936년에 야콥센은 에릭 묄러Erik Møller와 함께 오르후스 시청사(1942) 현상 공모에 당선된 후 파트너십을 체결했다. 르 코르뷔지에의 영향을 받은 그의 초기 프로젝트들은 전통적이고 보수적인 취향의 덴마크 대중으로부터 반감을 산 적이 있다. 그래서 이 프로젝트에서는 내부 공간 디자인과 가구 선택 시 더 인간적인 방식을 채택하여 목판을 사용한 벽과 둥근 세부 장식을 활용했다.

야콥센은 전시에 스웨덴으로 망명한 유대계 덴마크인이다. 1943년에 그는 두 번째 부인 요나, 그리고 포올 헨닝센 부부와 함께 4시간 동안 노를 저어 바다를 건너 무사히 스웨덴에 도착했다.

이후에는 직물 디자인에 관심이 생겨 인쇄업자였던 부인과 공동으로 작업했다. 이 기간에 그가 디자인했던 패턴들은 자연을 소재로 삼았다. 식물과 그 형태에 대한 야콥센의 깊은 관심이 반영된 결과였다. 실제로 정원에서 300여 종의 식물을 기르기도 했는데, 잘 손질된 울타리로 다양한 표면, 질감, 형태의 식물로 가득 찬 옥외실을 둘렀다. 그 후로도 직물 디자인은 그의 주요 관심사로 남았다. 하지만 자연적인 형태는 곧 옵아트Op Art(시각적 착각을 다룬 추상미술*)로부터 영감을 받은 기하학적인 디자인에 자리를 내주었다.

전쟁이 끝나자 덴마크로 돌아와 1957년, 덴마크 최초의 모던 스쿨인 문케가르드 스쿨Munkegaard School을 설립했다. 이 학교에 설치하기 위해 다양한 크기의 책걸상과 〈시리즈 3300Series 3300〉의 땅딸막한 소파와 의자(아직도 생산된다)를 디자인했고, 음수대부터 극장 막까지 여러 가지 세부 장식품을 제작했다. 야콥센은 언제나 특정한 장소를 염두에 두고 가구와 소품을 제작했다.

1950-1960년대에는 원래 노보Novo 카페테리아에 놓기 위해 디자인한 〈개미 의자〉(1951-1952) 시리즈와 〈시리즈 7 의자〉로 국제적으로 큰 성공을 거두었다. 이 의자는 대량 생산된 가장 인기 있고 상징적인 의자로, 뢰도브레 시청사에 설치하고자 디자인했다. 〈AJ 램프AJ Lamp〉도 이 기간에 제작되었는데 SAS 로열 호텔 체크인 라운지에서 벽에 부착된 받침대 형식으로 첫 선을 보였다.

한편 코펜하겐에 위치한 SAS 로열 호텔(1960)의 인테리어 작업 후에 건축 및 디자인 거장으로서의 명성에 금이 가는 일이 생겼다. 덴마크 비평가들이 국제적인 스타일을 야콥센만의 방식으로 해석한 작품을 비난하고 나선 것이다. 그들은 건물의 직선 형태를 '천공카드' 혹은 '유리 담뱃갑'에 비유했다. 그러나 호텔 내부 공간의 직선과 순수한 기하학은 곡선 형태의 가구, 유리 제품, 식기류, 부드러운 청록색, 채광 역할을 하는 내부 난초 재배 정원 덕분에 한결 부드러워졌다. 야콥센은 조명에서부터 직물과 재떨이, 그리고 식기류에 이르기까지 SAS 로열 호텔의 모든 인테리어 요소를 직접 디자인했다. 그 결과 유기적인 형태와 기능성이 완벽한 조화를 이루었다.

이러한 의도가 잘 반영된 〈달걀 의자〉와 〈백조 의자〉는 유명할 뿐만 아니라 여전히 대중에게 사랑받고 있

위: 야콥센의 자연에 대한 깊은 관심이 반영된 초창기 직물 디자인.

Arne Jacobsen

오른쪽: 1955년에 야콥센이 디자인한 소홀름에 있는 집합 주택 내부 사진으로 〈개미 의자〉가 보인다.

다. 야콥센은 이를 파리에서 처음 출시했다. SAS 로열 호텔 인테리어를 의뢰한 고객(당시 그에게 가구 디자인을 의뢰하지 않은 상태였다)이 호텔에 놓을 가구로 자신이 디자인한 덴마크 의자를 선정하게 만들기 위한 일종의 영업 전략이었다. 전략은 성공적이었다.

야콥센이 마지막으로 수행한 주요 프로젝트는 덴마크 외곽에 위치한 옥스퍼드 성 캐서린 대학(1964)의 내부 디자인이었다. 그는 사각형 안뜰로 둘러싸인 전통적인 대학 건물을 현대적으로 해석했다. 대학 설립자인 블록 경에 따르면 문케가르드 스쿨에서 야콥센이 보여 준 감각 때문에 그를 건물 디자이너로 선정했다고 한다. 그는 학생들이 편안하게 사용할 수 있도록 세부 소품과 가구 규모 등을 꼼꼼하게 선정했다. 성 캐서린 대학을 위해 그가 디자인한 가구, 소품, 제품 중에서는 등이 높은 의자만 현재까지 생산된다.

야콥센은 프로젝트들을 미처 끝내지 못하고 사망했다. 코펜하겐의 덴마크 국립은행도 그중 하나로, 현재는 코펜하겐의 랜드마크가 되었다. 한편 1969년에 디자인한 볼라Vola 욕실 소품은 아직도 생산된다.

그는 11년간 덴마크 왕립 미술 아카데미의 교수로 재직하면서 모든 세대의 덴마크 건축가에게 막대한 영향을 미쳤으며, 권위 있는 상을 수없이 받았다. 하지만 미국에서는 큰 영향을 미치지 못했고 작업도 의뢰받지 못했다. 야콥센이 비행을 겁냈기 때문이다.

건축과 제품 디자인 분야 모두에서 그는 전설적인 인물이다. 완벽주의자로 기술과 소재를 한계까지 밀어붙였고 때로는 자신이 구상하는 것이 정말로 가능한지 여부에 개의치 않았다. 야콥센은 고객과 직원, 제작자들이 보기에는 대하기 어렵고 고집 세고 독재적인 디자이너였으며, 자신이 투자하는 시간만큼 남들도 노력할 것을 기대하는 부류의 사람이었다. 한편으로 쾌활하고 밝은 면을 지녔으며, 살아 있는 유기적인 형태를 좋아하는 열성적인 식물학자였다.

엄격하고 모더니스트적이지만 자연을 본능적으로 활용할 줄 알았던 아르네 야콥센의 디자인 양식이 북유럽 모던의 핵심이다.

> 건축가는 자신의 집을 정직하고 아름답게 만들어야 한다. 그래야 그곳에 거주하는 사람들이 무엇이 추하고 무엇이 아름다운지를 파악해 결국 추한 것을 버리게 된다.
> – 아르네 야콥센

백조 의자 1958

제작사 프리츠 한센

세부 사양 좌석 부분은 모듈식 섬유 유리를 발포 고무로 처리하고 덮개(천이나 가죽)를 씌워 제작했다. 회전식 다리 부분은 알루미늄으로 되어 있는데, 소파로도 제작이 가능하다.

코펜하겐에 위치한 SAS 로열 호텔에 놓고자 제작했다. 최근 소파 버전도 생산되었다. 〈백조 의자〉의 몸체는 〈달걀 의자〉와 마찬가지로 곡선형이다. 위를 향하는 팔걸이가 마치 날개처럼 뻗어 있는 유기적 형태로, 의자 여러 개가 놓여 있을 때 백조가 연상되어 이름 붙었다. 위에서 내려다보면 난초처럼 보이는데, 당시 로열 호텔 내부의 유리 정원에는 30종 넘는 꽃들이 재배되었다고 한다.

위: 〈백조 의자〉의 소파 버전.

Arne Jacobsen

개미 의자, 모델 3100 ₁₉₅₁₋₁₉₅₂

제작사 프리츠 한센

세부 사양 합판 하나로 등과 좌석 부위를 연결(베니어판 아홉 겹을 쌓고 그 사이에 면직물 두 층을 넣어 구성)했다. 다리는 크롬이나 새틴 크롬강으로 삼각 혹은 사각으로 제작했는데, 너도밤나무 혹은 어두운 색상의 오크나무 등 다양한 색으로 마감했다.

야콥센은 노보 카페테리아에 놓기 위해 〈개미 의자〉를 디자인했다. 삼각으로 만들어 쌓을 수 있게 한 것이 특징이다. 오늘날에는 사각으로도 제작되지만(모델 3101) 이는 야콥센 사망 후에야 생산되었다. 그가 삼각을 고집했기 때문이다.

또한 당시 압력 주조 기법의 선두주자였던 덴마크의 제조업체 프리츠 한센이 〈개미 의자〉를 대량 생산할 수 있도록 계약을 맺었다. 야콥센은 플라스틱으로 〈개미 의자〉를 제작하는 것에 반대하지는 않았지만 그러기 위해서는 값비싼 기계가 필요했다. 그러나 당시 국내 시장 규모를 감안하면 덴마크 가구업체들이 이 기계를 구매하는 것은 사실상 불가능했다.

야콥센은 곡선 부분의 구현을 위해 우선 점토로 모형을 떠 10개의 견본을 거친 후 최종 디자인을 완성했다. 이 과정에서 나무가 지닌 탄력성을 극한까지 밀어붙였다. 〈개미 의자〉는 카페테리아와 강의실 같은 공공 공간 말고도 가정집에도 적합한, 저렴하고 여러 겹으로 쌓을 수 있으며 공간을 덜 차지하는 의자에 대한 수요를 충족시키고자 제작되었다.

1952년에 처음 출시되었을 때에는 즉각적인 인기를 끌지 못했지만 그 후 야콥센의 작품들 중 가장 독특하고 오래 생산되는 작품 가운데 하나가 되었다. 의자의 이름이기도 한 '개미 모양' 등판은 어디에서도 한눈에 알아볼 수 있다.

오른쪽: 오늘날 〈개미 의자〉는 다양한 색상으로 제작된다.

첫 번째 의자를 완성하는 데 1년이 걸렸다. 그 후 시리즈로 제작하면서 비싼 대형 장비를 사용하기 시작했다. 나는 앉는 자세에 결정적인 영향을 미치는 곡선이 제대로 나오도록 직접 의자에 앉아 의자의 곡선을 디자인했다. 직접 앉아 보면 제대로 디자인 되었는지 알 수 있다. 그런 의자는 보기에도 아름답다.
— 아르네 야콥센, 〈개미 의자〉에 관해

Arne Jacobsen

달걀 의자 1958, 모델 No. 3316

제작사 프리츠 한센

세부 사양 조형 섬유 유리로 뼈대를 만들고 발포 고무를 넣은 후 천이나 비닐, 가죽을 씌워 제작. 별 모양의 주조 알루미늄 회전 다리는 앉는 사람의 몸무게에 맞춰 조정되거나 기울일 수 있다. 동일한 무늬의 발 받침대가 함께 생산되며, 좌석 쿠션은 별도로 제작된다.

SAS 로열 호텔 로비에 놓기 위해 제작된 〈달걀 의자〉는 덴마크 디자인의 아이콘으로 오늘날에도 생산 중이다. 로열 호텔에는 이 의자의 소파 버전도 있지만 대량 생산된 적은 없다. 〈달걀 의자〉 견본은 야콥센의 차고에서 석고 반죽으로 주조되었다.

이 의자는 전형적인 윙 의자(등받이 양쪽에 날개처럼 기대는 부분이 달려 있는 안락의자*)의 최신식 버전으로, 편안하게 에워싸는 느낌을 준다. 야콥센은 자신이 디자인한 공간의 깨끗한 선과 대비되도록 부드러운 곡선을 사용했다. 덕분에 공간 표지물 역할을 훌륭하게 수행한다. 특유의 유기적인 형태가 손상되지 않도록 덮개 부위를 꼭 맞게 제작해야 하기 때문에 제작이 쉽지 않다. 덮개 부위는 가죽이나 비닐, 선명한 색상으로 염색한 천으로 씌울 수 있다.

폴 스미스와 토르트 본체 같은 디자이너들은 무늬가 있는 천으로 이 의자를 감싸는 등, 클래식한 디자인에 새로운 시도를 하고 있다.

73쪽: SAS 로열 호텔 606호로 〈달걀 의자〉와 〈개미 의자〉 외에도 〈시리즈 3300 소파〉와 문케가르드 스쿨을 위해 디자인한 안락의자가 있다. 야콥센이 1960년 7월에 제작한 원본이 놓여 있는 유일한 장소다.

오른쪽: 〈달걀 의자〉의 변형으로 토르트 본체는 꽃무늬 천을 씌워 완성했다.

> 가능한 한 얇게, 그러나 절대로 절충안은 없다.
> – 아르네 야콥센, '미니멀리즘'에 관해

시리즈 7, 모델 3107 1955

제작사 프리츠 한센

세부 사양 합판 하나로 등과 좌석 부위를 연결했다. 팔걸이는 선택 사항이고 다리 부위는 미러 크롬이나 새틴 크롬강으로 제작. 등받이 의자, 페데스탈pedestal 의자, 사무실 의자, 바 스툴, 카운터 의자, 어린아이용 의자로 변형 가능하다. 다양한 색상으로 제작되며 래커칠, 너도밤나무, 착색한 물푸레나무, 원목 합판으로 마감했고, 가죽이나 천을 씌운 것도 제작 가능하다.

1955년에 〈개미 의자〉 시리즈의 변형으로 디자인된 모델로, 자체 버전인 〈시리즈 7〉로 발전했다. 출시 당시 〈개미 의자〉보다 인기 높았다. 비평가들은 사각 의자라는 점과 팔걸이를 선택할 수 있다는 것에 만족스러워 했다. 이후 상업적으로 가장 큰 성공을 거둔 의자가 되었으며, 오늘날까지 무려 500만 개가 팔렸다.

티크를 비롯한 다양한 원목 합판으로 제작이 가능하다. 1968년에는 야콥센이 디자인한 8개의 밝은 색상이 추가되었으며, 1972년에 베르너 팬톤 Verner Panton이 이를 더욱 확장해, 현재는 30개 색상으로 제작된다.

등받이와 앉는 부분은 모서리가 둥근 삼각형으로 연결 부위가 잘록하여 누가 봐도 여체를 형상화했음을 알 수 있다. 이 의자에 다리를 벌리고 앉은 크리스틴 킬러의 악명 높은 누드 사진이 그 상관관계를 더욱 도드라지게 했다. 하지만 사실 킬러는 모조품 앞에서 포즈를 취했던 것으로 사진가 루이스 몰리는 1960년에 1개당 5실링을 주고 총 6개의 모조품을 구입했다. 등받이에 파인 구멍이 야콥센의 원래 디자인과 다르다. 구멍은 모조품 제작자가 저작권 침해 소송을 피하기 위해 고안한 것이었다.

시청 시계 1955

제작사 원래는 루이스 폴센, 현재는 조지 크리스틴슨 Georg Christensen이 제작(독일 뢰머에서 개정판 판매)

세부 사양: 유리와 크롬 도금 강철 링, 개정판은 알루미늄 링과 쿼츠 무브먼트quartz movement(전지의 힘을 이용해 구동되는 기계 부분*)를 탑재했으며 두 가지 크기로 제작되었다.

야콥센은 많은 시계를 디자인했는데, 대부분 특정한 장소를 염두에 두고 제작했다. 이 현대적인 디자인은 코펜하겐 교외에 있는 뢰도브레 시청사에 놓기 위한 것으로 깔끔한 전면과 비례에 맞춰 재단된 시곗바늘과 숫자 부분으로 구성된다.

위: 가장 왼쪽의 것이 〈시청 시계Town Hall Clock〉다.

Arne Jacobsen

AJ 바닥 램프 1957

제작사 루이스 폴센

세부 사양 알루미늄 갓에 몸통은 철금속, 다리 부분은 주철로 제작. 벽에 부착하거나 식탁에 세울 수 있으며, 검은색, 회색, 흰색으로 제작 가능하다.

SAS 로열 호텔 로비 벽에 부착된 형태로 처음 선보였으며, 그 후 식탁이나 바닥에 세우는 형태로 발전했다. 원뿔 모양 갓은 기울일 수 있고 내부는 흰색 무광 에나멜로 처리했다. 이 갓이 정교하게 빛을 반사시키는데, 램프가 아래로 향할 때 갓의 모서리가 평행이 된다. 광원은 언제나 금속 갓의 급경사각에 가려 보이지 않는다.

비대칭적인 디자인과 앞쪽으로 기울어진 형태 덕분에 강한 개성을 지닌다. 일설에 따르면 다리 부분의 둥글게 오려 낸 부위는 원래 재떨이를 넣기 위해 고안되었다고 한다.

AJ 로열 펜던트 1957

제작사 루이스 폴센

세부 사양 알루미늄 갓은 강철 링으로 만들고 흰색 페인트로 마감했다.

야콥센은 조명 디자인에 관심이 많았고, 덴마크의 유명 조명 디자이너인 포울 헨닝센과도 가까웠다. 두 사람은 공공장소의 조명 상태를 안타까워했다. 이 조명도 원래는 SAS 로열 호텔에 설치하기 위해 디자인한 것으로 구 형태의 갓 내부에 광원을 숨겼다. 부드러운 업라이트 조명은 상단에 위치한 계단 모양의 링을 통해 빛을 발산시킨다.

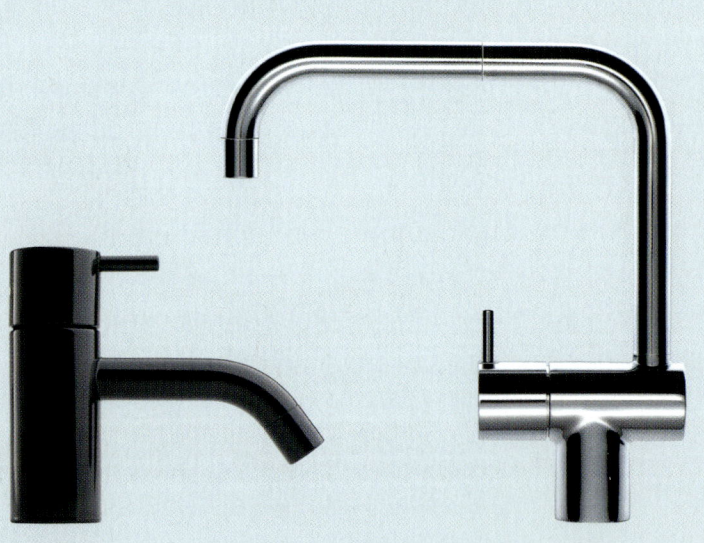

볼라 수도꼭지 및 욕실기구 1969

제작사 볼라 Vola

세부 사양 크롬과 황동으로 만든 수도꼭지 및 욕실 기구다.

야콥센이 1961년 덴마크 국립은행 현상 설계에 당선되자 볼라의 소유주가 그에게 연락했다. 그는 야콥센에게 온냉수 혼합 수도꼭지의 기계적인 부분을 전부 감춘 새로운 콘셉트를 제안했다. 야콥센은 이 간결성과 기능주의에 매료되었고, 그 결과 완전히 새로운 유형의 수도꼭지가 탄생할 수 있었다. 분출 부위가 수도관 일부처럼 벽에서 나오는 형태인데, 볼라는 야콥센 사망 후에도 새로운 제품들을 선보였다.

AJ 식기류 1957

제작사 죠지 젠슨
세부 사양 무광 혹은 유광 스테인리스강이다.

SAS 로열 호텔에 놓기 위해 디자인되었으며, 21가지 제품으로 구성된다. 각기 다른 크기의 티스푼, 칼, 포크와 페이스트리용 칼, 오른손잡이와 왼손잡이용 수프 스푼 등이다. 초기 안은 보다 유기적인 형태였으나 최종 생산된 제품은 상당히 미니멀하고 조각적이며 또 혁신적이라 이것이 세상에 나온 지 10년 후에 개봉한 스탠리 큐브릭의 1968년 영화 '2001 스페이스 오디세이'에 등장하기도 했다.

이 제품은 오늘날에도 여전히 과감하고 급진적인 디자인으로 여겨진다. 호텔에서는 얼마 안 가 대중의 취향에 더 잘 맞는 제품으로 교체되었지만 현재까지 계속 생산 중이며, 사용자의 손에 편안하게 감긴다는 것이 특징이다.

실린다-라인 용기 1967

제작사 스텔톤 Stelton
세부 사양 주전자, 커피포트, 얼음 통, 샐러드 볼, 소금·후추 통 등으로 구성된다. 몸통은 스테인리스강으로, 손잡이는 베이클라이트로 제작했다.

3년에 걸쳐 디자인된 〈실린다-라인 Cylinda-line〉은 함께 나열해 놓을 경우 도시의 스카이라인을 연상시키는 독특한 식기류다. 이 디자인의 콘셉트는 관 모양의 기본 형태와 아래쪽에 위치한 주둥이 부분, 각진 손잡이로 구성된다. 야콥센은 단열 성능이 있는 얼음 통을 수프 그릇으로 사용하기도 했다.

〈실린다-라인〉 역시 공상 과학 영화에 등장했다. 2004년의 영화 '아이, 로봇 I, Robot'에서 주인공 윌 스미스가 이 커피포트에서 커피를 따라 마시는 장면이 나온다.

핀 율

덴마크 건축가 겸 디자이너
1912-1989

Finn Juhl

아름다운 사물로 행복을 창출할 수는 없겠지만 나쁜 사물로 행복을 깨뜨릴 수는 있다.
— 핀 율

핀 율은 국제적으로 유명한 가구 디자이너였지만 원래는 건축 교육을 받았다. 독학으로 가구 디자인을 공부했으며, 자신이 사용할 가구를 제작하면서 가구 디자이너로 활동하기 시작했다.

핀 율은 코펜하겐 외곽에서 태어났다. 권위주의적인 성격의 아버지는 직물 도매상이었고, 어머니는 그를 낳은 지 얼마 안 되어 숨을 거두었다. 학창 시절부터 미술사에 관심을 보이기 시작해 그쪽 방면으로 공부하려 했으나 아버지가 덴마크 왕립 미술 아카데미에 입학하도록 아들을 설득했다.

핀 율은 에릭 군나르 아스푸룬드가 1930년에 주최한 전시회에서 처음 기능주의를 접했다. 아카데미 재학 시절에는 기능주의를 열렬히 지지하던 건축가 카이 피스커의 가르침을 받기도 했다. 그는 탁월한 강의와 프레젠테이션 기법으로도 유명했다.

이후 덴마크 왕립 미술 아카데미에서 강의했던 현역 건축가 빌헬름 로렌첸 밑에서 1934년부터 일을 시작해 11년간 일했다. 이 기간에 그는 가구를 디자인하기 시작했으며, 마스터 가구 제작자인 닐스 보더Niels Vodder와 협력했다. 둘의 관계는 1959년까지 계속되었다. 핀 율이 1940년에 디자인한 〈펠리칸 의자Pelikan Chair〉는 전통으로부터 급격히 벗어난 것이었으며, 카레 클린트의 혁신적인 디자인과도 달랐다. 이듬해 자신의 집에 놓고자 제작한 〈포텐 의자Poeten Chair〉도 마치 조각 같은 추상적인 형태를 띠었다.

핀 율은 전쟁이 끝난 후 디자인 사무소를 열고 1950년대 내내 여러 개인 주택, 전시 공간, 매장 인테리어를 디자인했다. 가구 제작도 계속했다. 가구 상당수를 손으로 정교하게 제작했으며, 섬세한 티크 접합 기술을 활용했다. 덕분에 열대 경목재는 새로운 덴마크 모던 스타일의 주요 특징으로 자리 잡았다.

그의 작품들은 널리 전시되었고 많은 상을 수상했다. 일례로 1950년대 밀라노 트리엔날레에서 금메달을 5번이나 받았다.

한편 1951년 시카고에서 열린 '굿 디자인' 전시회는 핀 율과 덴마크 모던 디자인의 전환점이 되었다. 그는 전시회 인테리어를 디자인하며 그곳에 자신의 가구를 전시했다. 이 가구를 본 미시간의 가구 회사 베이커는 핀 율에게 이러한 스타일의 가구를 대량으로 생산할 것을 제안했다. 이 시리즈(1951-1955)는 의자, 식탁, 사이드보드(주방에서 상에 내갈 음식을 얹어 두는 작은 탁자*), 책상, 수납 가구 등 24개의 가구로 구성되었다.

1952년에 그는 뉴욕 UN 본사 신탁 통치 이사회실과 5번가에 위치한 죠지 젠슨의 매장을 디자인하면서 국제적으로 더욱 유명세를 탔다.

핀 율은 평생 다양한 분야에 관심을 가졌다. 도기와 유리 제품 디자인도 그중 하나였다. 카이 보예센의 작업장에서 티크 그릇을 생산했으며, SAS 로열 호텔을 위해 DC-8 캐빈을 디자인했다. 1978년에는 영국 정부로부터 우수 산업 디자이너상을 수상했다.

펠리칸 의자 1940

제작사 원래는 닐스 보더가 수공예로 제작, 현재는 한센&소렌센 Hansen&Sorensen이 라이선스를 획득해 제작
세부 사양 손으로 재봉한 덮개, 별도의 좌석 쿠션, 나무다리로 구성된 편안한 의자. 가죽으로도 제작할 수 있다.

핀 율이 1940년에 자신의 집에 놓기 위해 디자인한 〈펠리칸 의자〉는 1950-1960년대의 북유럽 모던이 나아갈 방향을 암시했다. 날개의 유기적 형태가 앉는 사람을 껴안은 듯한 이 의자는 헨리 무어, 피카소, 알렉산더 칼더 같은 현대 예술가들이 당시 그의 작품에 미친 영향을 잘 보여 준다.

Finn Juhl

모델 45 이지 체어 1945

제작사 원래는 닐스 보더가 수공예로 제작, 현재는 한센&소렌센이 라이선스를 획득해 제작
세부 사양 등받이와 좌석 부위는 가죽을 씌워 제작했으며, 프레임은 다양한 나무로 제작 가능하다.

핀 율의 상징적인 의자들 중 하나인 〈모델 45 이지 체어 Model 45 Easy Chair〉는 그의 작품이 지닌 정교함을 잘 보여 준다. 이 혁신적인 디자인은 등받이와 좌석 부분을 지지 골조로부터 분리시킨 새로운 시도였다.

핀 율은 자신이 개발한 티크 접합 기술로 유동적인 골조를 구현할 수 있었으며, 덕분에 우아한 디자인이 탄생했다. 원래 로즈우드, 마호가니, 월넛 등의 어두운 목재로 제작되었다.

Finn Juhl

포텐 소파 1941

제작사 원래는 닐스 보더가 수공예로 제작, 현재는 한센&소렌센이 라이선스를 획득해 제작
세부 사양 손으로 재봉한 덮개와 나무다리로 구성된 2인용 소형 소파다.

〈포텐 소파〉는 핀 율이 자신의 집에 놓기 위해 디자인한 또 다른 작품으로 추상적이고 조각 같은 형태다. 그가 디자인한 작품의 상당수, 특히 1950년대에 베이커에서 제작한 대량 생산 제품들은 이후에 한센&소렌센이 가구 생산 라이선스를 획득할 때까지 빈티지 가구만 구입 가능했다.

치프텐 의자 1949

제작사 원래는 닐스 보더가 수공예로 제작, 현재는 한센&소렌센이 라이선스를 획득해 제작
세부 사양 가죽을 씌운 등받이, 좌석 부분, 팔걸이. 프레임은 티크나 월넛으로 제작했다.

〈치프텐 의자 Chieftain Chair〉는 핀 율의 이름을 미국에 알리고 덴마크 모던 디자인의 성공에 기여한 작품 가운데 하나로, 방패와 갑옷 형태를 정교하게 활용했다. 매우 개성적인 형태다.

모델 57 소파 1957

제작사 한센&소렌센
세부 사양 손으로 만든 스프링을 넣고 덮개를 씌운 소파로 천이나 가죽으로 제작 가능. 다리 부분은 스테인리스강으로, 그중 바닥에 닿는 부위는 목재로 제작했다.

원래는 코펜하겐에 위치한 건축물 티볼리 Tivoli에 넣고자 디자인했다. 20세기 중반에 들어 이 의자에 대한 관심이 다시 급증하자 1990년대 말에 한센&소렌센이 처음으로 대량 생산하기 시작했다.

폴 캐야홀름

덴마크 건축가 겸 가구 디자이너
1929-1980

> 나는 강철이 나무나 가죽과 동일한 미적 가치를 지닌다고 본다.
> — 폴 캐야홀름

폴 캐야홀름은 유틀란트Jutland의 작은 마을에서 태어나 15살부터 지역 가구 제작자 밑에서 견습생으로 일하며 경력을 쌓았다. 견습 과정을 마친 1949년에는 코펜하겐에 위치한 예술 공예학교에 입학했다. 그곳에서 한스 웨그너를 비롯한 여러 덴마크 디자이너 밑에서 수학했다.

또한 이곳에서 카레 클린트의 강의를 들었으며, 훗날 시드니 오페라 하우스 건축으로 세계적으로 유명해진 요른 웃손Jørn Utzon의 가르침을 받기도 했다.

나무를 사용해 현대성을 표현한 웨그너나 클린트와는 달리 캐야홀름은 처음부터 강철의 가능성에 매료되었다. 그는 미국의 디자이너인 찰스 임스와 레이 임스, 미스 반 데어 로에의 작품들로부터 상당한 영향을 받았다.

캐야홀름은 1950년대 초에 모듈 합판으로 의자의 기본적인 개념을 발전시켰지만(이는 거의 50년 후에 〈PK0 의자PK0 Chair〉로 대량 생산된다) 1952년의 졸업 작품은 강철 골조에 밧줄로 등받이와 좌석 부위를 만든, 우아하고 미니멀한 〈PK25 의자PK25 Chair〉였다. 그는 여름 방학 동안 지역 제철소에서 이 의자에 사용할 접합 기술을 개발했다.

졸업 후에는 1년간 프리츠 한센 밑에서 일했는데, 그곳에서 〈PK25 의자〉를 한정 생산했다. 하지만 캐야홀름의 작품이 제대로 판매되기 시작한 것은 1955년에 덴마크 가구 제작자 E. 콜드 크리스텐센과 협력하면서부터다. 이들의 관계는 캐야홀름의 사망 때까지 계속되었다.

〈PK22 이지 체어PK22 Easy Chair〉는 1956년에 처음으로 생산되었다. 이를 계기로 국제적인 인지도를 얻기 시작했고 1958년에는 룬닝Lunning 상을 수상했다.

캐야홀름은 이른 나이에 사망했다. 죽기 전까지 그는 합리적이고 미니멀한 이상주의를 추구했고, 다른 북유럽 디자이너들과 달리 강철을 이용한 형태를 강력하게 지지했다. 그는 강철이 나무만큼이나 예술적인 재료라고 생각했으며, 강철 골조를 가죽, 밧줄, 줄기 같은 부드러운 재료와 함께 사용함으로써 북유럽 모던의 인간적인 부분을 강조한 모더니스트적인 디자인을 선보였다.

자신의 생각을 명료하게 전달할 줄 아는 훌륭한 교사이기도 했다. 덴마크 왕립 미술 아카데미에서 강사로 활동했으며, 훗날 디자인진흥원 교수직을 맡았다. 사후에는 프리츠 한센이 캐야홀름의 작품을 생산했다.

83쪽: 캐야홀름의 아내가 덴마크 룽스테드에 디자인한(1961) 집으로, 남편 가구를 전시했다.

위: 1955년에 제작된 〈PK22 의자〉.

PK24 긴 의자, '해먹 의자'라고도 불림 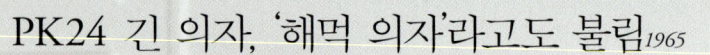1965

제작사 E. 콜드 크리스텐센, 훗날 프리츠 한센이 재발매
세부 사양 스테인리스강 골조, 등받이와 앉는 부분은 줄기나 가죽으로 제작. 강철 평형추가 달린 조절 가능한 가죽 머리 받침대가 있으며, 가죽 덮개는 다양한 색으로 제작할 수 있다.

캐야홀름의 가장 유명한 작품인 〈PK24 긴 의자PK24 Chaise Longue〉는 아주 정교하다. 프랑스 건축가 르 코르뷔지에와 샬로트 페리앙Charlotte Perriand이 1920년대에 디자인한 긴 의자와는 상당히 다른 모습이다. 곡선형 좌석 부분과 등받이를 강철 골조를 따라 미끄러지듯 얹어, 앉는 사람이 원하는 대로 자세를 조정할 수 있게 했다. 편안한 휴식을 고려해 설계된 것이다.

2007년까지는 나무줄기를 엮어 만들었으나 이후로는 가죽으로도 제작되었다. 그의 작품 대부분이 기계 생산 방식으로 만들어졌지만 세부 사양에 대한 고려와 제품 제작에 요구되는 높은 기준 덕분에 고품질을 유지하고 있다.

PK80 침대 겸용 소파 1957

제작사 E. 콜드 크리스텐센, 후에는 프리츠 한센
세부 사양 페인트칠을 한 합판으로 지지되는 가죽 덮개 매트리스와 광택이 나는 스테인리스강 다리로 이루어진 낮은 의자로, 가죽 덮개는 다양한 색상으로 제작 가능하다.

〈PK80 침대 겸용 소파 PK80 Daybed〉는 미니멀리스트 디자인의 아이콘이자 캐야홀름의 가장 유명한 작품 가운데 하나다. 30cm라는 낮은 높이가 특징인데 프리츠 한센은 뉴욕 현대미술관 전시실에 이 소파를 설치하기 위해 오리지널보다 높은 버전을 제작하기도 했다.

PK22 의자 1955

제작사 E. 콜드 크리스텐센, 후에는 프리츠 한센
세부 사양 강철 스프링 골조, 등받이와 좌석 부분은 가죽이나 스웨이드로 네 가지 색상으로 제작. 등받이와 좌석 부분에 나무줄기를 활용해 등받이 부위를 높게 만들 수도 있다.

〈PK22 의자 PK22 Chair〉는 미스 반 데어 로에의 전형적인 〈바르셀로나 의자 Barcelona Chair〉에 도전하기 위해 제작한 것으로, 캐야홀름이 〈PK25 의자〉를 개발할 당시에 실행한 강철 접합 실험 도중 탄생했다. 그의 작품답게 단순하기 그지없지만 수많은 연구와 세부 사항을 고려한 결과물이다.

그의 작품은 보이지 않은 접합 부위조차 완벽함을 추구했기 때문에 제작이 쉽지 않다. E. 콜드 크리스텐센과의 협력 덕분에 캐야홀름은 자신의 이상을 추구하기 위해 필요한 예술적인 자유를 얻을 수 있었다.

위르여 쿡카푸로
핀란드 가구 디자이너 1933-

Yrjö Kukkapuro

위르여 쿡카푸로는 영향력 있는 핀란드 디자이너로 핀란드 밖에서는 〈카루셀리 의자Karuselli Chair〉(1964-1965)로 유명하다. 이 의자는 1966년에 이탈리아의 유명 인테리어 건축 잡지인 「도무스Domus」 전면을 장식하면서 전 세계 디자인 커뮤니티를 발칵 뒤집어 놓았다. 이후로 그는 핀란드 모던 디자인의 상징이 되었다.

헬싱키 예술 디자인대학에서 공부한 쿡카푸로는 그곳에서 핀란드의 건축가 겸 인테리어 설계자인 일마리 타피오바라Ilmari Tapiovaara로부터 기능주의의 영향을 크게 받았다. 타피오바라는 평생 완벽한 다용도 의자를 제작하기 위해 많은 시간을 할애했으며, 파리에 위치한 르 코르뷔지에의 사무실에서 견습생으로 일하기도 했다.

쿡카푸로의 초기 의자 디자인은 주조한 합판 좌석 부위와 관 모양의 강철 골조로 이루어져 있다. 당시 핀란드에 합판과 강철이 흔했기 때문이다. 그럼에도 그는 항상 플라스틱 의자를 제작하고 싶어 했고, 실제로 몇 개의 견본을 만들기도 했다.

그러나 지나치게 비싼 제작비 탓에 생산할 수 없었다. 기계 가격을 감당할 수 있는 핀란드 가구 제작사가 없었던 것이다.

1년에 걸쳐 개발된 〈카루셀리 의자〉가 돌파구가 되었다. 이 의자는 기능주의를 부드러운 형태와 결합시킴으로써 핀란드 디자인의 새로운 방향을 예고했다. 그 후 주조 플라스틱으로 만든 다른 작품들이 제작되었다. 하지만 1970년대의 석유 파동으로 인해 다시 플라스틱을 구하기가 어려워졌다.

1970년대 말에 쿡카푸로는 인체공학 원리에 기반한 디자인을 실험해 재미있는 포스트모던 작품을 수없이 탄생시켰다.

카루셀리 의자 1965

제작사 원래는 하이미Haimi, 현재는 아베르테Averte

세부 사양 앞뒤로 움직이는 회전식 안락의자로 좌석 부위와 지지 부분은 섬유 유리로 제작. 흰색이나 검은색 가죽 덮개, 좌석을 지지 부위와 연결시키는 크롬 도금된 강철 스프링과 고무 댐퍼, 발 받침대는 선택 가능하다.

한동안 쿡카푸로는 주형 플라스틱으로 의자를 제작하는 데 혈안이 되어 있었다. 1965년의 어느 겨울날, 딸과 함께 눈을 갖고 놀다가 눈으로 의자를 만들었다. 그것에서 영감을 받아 실제 재료로도 그러한 의자를 생산할 수 있는지 확인하려고 즉시 스튜디오로 달려갔다. 그는 곧장 육각 철망으로 〈카루셀리 의자〉의 견본을 만들었다. 이 철망을 좌석 형태에 맞게 제작해 강철 골조 위에 얹고, 회반죽에 담근 캔버스 천으로 철망을 덮었다. 쿡카푸로는 결과물에 만족했다. 거의 1년에 가까운 노력 끝에 드디어 자신이 원하는 의자를 완성한 것이다. 견본이 완성되자 헬싱키에 소재한 가구 회사 하이미에 가져가 조언을 구했다.

회의는 아침 일찍 진행되었는데, 아직 가게 문을 열기 전이었지만 누군가의 실수로 문이 열려 있었다. 그때 손님 한 명이 문을 열고 들어와 견본 의자에 앉아 보고는 바로 구매를 결정했다.

이후로 〈카루셀리 의자〉는 핀란드 모던 디자인의 전형이 되었다. 기능적이지만 유기적인 형태의 의자는 재료와 기술을 대상으로 한 실험의 결실이었다. 인간의 형체를 반영한 편안한 의자를 제작하고자 한 쿡카푸로의 욕심은 기능주의에 대한 관심의 연장선에 있었으며, 훗날 인체 공학적인 작품의 탄생을 예견하는 것이었다.

Yrjö Kukkapuro

스티그 린드버그
스웨덴 디자이너 1916-1982

Stig Lindberg

스티그 린드버그는 스웨덴에서 가장 많은 작품을 배출하고 또 가장 잘 알려진 디자이너들 중 한 명이다. 그가 디자인한 도기, 직물, 유리 제품 등은 북유럽 모던의 전형으로 오늘날의 스웨덴 가정에서도 흔히 찾아볼 수 있다. 반면에 원본은 국제 경매 시장에서 고가에 팔린다.

1935년부터 1937년까지 린드버그는 스톡홀름 예술공예 디자인대학에 다녔다. 원래는 화가가 되고 싶었기에 졸업 후에는 구스타브스베리 도기 공장에서 칠공으로 일했다. 덕분에 빌헬름 코게 밑에서 훈련받았으며, 큰 영향을 받았다. 린드버그는 한동안 덴마크와 파리에서도 공부했다.

린드버그의 작품에는 두 가지 독특한 요소가 있다. 하나는 민속공예에 토대를 둔 화려하고 장식적이며 비유적인 디자인이고, 다른 하나는 유기적이고 조각적인 디자인이다. 전자의 예는 1947년에 아스트리드 삼페 Astrid Sampe가 주최한 〈에덴동산 직물 Garden of Eden Textile〉과 〈도자기 직물 Pottery Textile〉 전시를 위해 디자인한 직물 두 개다. 구스타브스베리에서 디자인한 기발한 도자기들도 여기에 속한다.

1950년대가 되자 그의 작품은 보다 유기적이고 조각적인 성격을 띠기 시작했다. 린드버그는 순수한 형태를 추구하고 비대칭적인 디자인을 선호했다. 도자기에 장식을 넣기도 했지만 추상적인 무늬를 활용했고, 1950년대에는 아무도 사용하지 않은 색상을 시도했다. 그가 이 시기에 디자인한 질감 있는 거친 사기그릇은 높은 평가를 받았다. 또한 덴마크 유리 제작사 홀메고드 Holmegaard와 코스타 보다 Kosta Boda에서 일하기도 했다.

린드버그는 코게의 뒤를 이어 1949-1957년, 1972-1980년에 구스타브스베리의 크리에이티브 디렉터로 일했다. 또한 1957년부터 1970년까지 예술 공예 디자인대학에서 조교수로 활동했으며, 밀라노 트리엔날레에서 여러 번 수상했다.

펑고 꽃병 1953

제조사 구스타브스베리
세부 사양 높이 25cm의 본차이나 꽃병이다.

우아하고 순수한 〈펑고 꽃병 Pungo Vase〉은 엉뚱하고 전통적인 기존 린드버그의 도기와 완전히 다르다. 당시 그의 작품들이 대부분 그랬듯 비대칭적인 형태를 하고 있다. 그는 자연적이고 유기적인 형체에서 영감을 받았다.

도자기 직물 1947

제작사 원래는 노르디스카 콤파니에트NK, Nordiska Kompaniet, 현재는 디자인 하우스 스톡홀름이 융베리스 텍스틸트리스크Ljungbergs Textiltryck와 제휴 후 재발매
세부 사양 날염된 면직물로 현재 쿠션, 가방, 러너(가구 위와 바닥 등에 까는 길고 가느다란 천이나 카펫*), 식탁용 접시받침으로 다양하게 제작된다.

1947년에 스톡홀름 NK 백화점 직물 책임자였던 아스트리드 삼페가 주최한 전시회를 위해 디자인했다. 그의 작품 상당수가 마르크 샤갈을 비롯한 초현실주의자 등 당대 예술가들의 작품과 민속공예로부터 영향을 받았기에 그림 성격이 짙다. 린드버그는 아동서 삽화를 그리기도 했다.

페르 루트켄

덴마크 유리 디자이너

1916-1998

많은 덴마크 모던 디자이너가 대개 몇 가지 분야에서 일했던 것과 달리 페르 루트켄은 유리공예를 전문으로 했다. 그는 재료와 유리 제작 과정을 깊이 연구해 독특한 작품을 배출했는데, 실험적인 작품도 있고 대량 생산된 유리 제품도 있었다.

루트켄은 다른 사람이 기술적인 문제를 해결해 주기를 기대하는 부류의 디자이너가 아니었다. 자신의 생각을 실제 제품으로 바꿔 준 유리 제작자와 긴밀히 협력해 유리의 가능성을 최대한 활용했다.

1937년에 코펜하겐 예술 공예학교를 졸업한 루트켄은 프리랜서 디자이너로 있다가 홀메고드 유리 공작소의 크리에이티브 디렉터 겸 수석 디자이너로 일했다. 그는 오랫동안 그곳에서 일했다. 초기에는 전형적인 스타일에 단순하고 채색하지 않은 유리 제품을 선보였지만 1954년 밀라노 트리엔날레를 방문한 후에는 유기적인 형태를 도입하고 채색을 시도했다.

루트켄의 가장 잘 알려진 작품과 수집 가치가 있는 작품의 상당수는 1950-1960년대에 제작되었으며, 이들은 북유럽 모던 미학의 전형을 보여 준다. 그릇과 꽃병은 녹인 유리의 가소성을 강조하기 위해 보통은 무겁게 제작되었다. 비대칭 역시 자주 활용되던 주제였다. 1960년대의 유리 제품들은 투박한 디자인을 추구하던 당시의 경향을 반영해 보통 질감이 있고 덜 순수했다.

그는 수년간 홀메고드에서 일하면서 새로운 형태와 색상을 실험했다.

위: 루트켄이 1950년대 중반에 제작한 유리 제품으로 유기적인 형태를 띠고 있다.

꽃병과 그릇 1950년대

제작사 홀메고드
세부 사양 유리로 만들었다.

루트켄의 곡선미가 있는 유기적인 형태의 작품들은 '살아 있는 유리'에 대한 그의 믿음을 잘 보여 준다. 이 작품도 유리 제작 과정을 포착한 다음 그 특징을 드러냈다. 루트켄은 자신의 작품 상당수를 직접 불어서 만들었고, 나머지는 홀메고드 유리 제작자와 긴밀히 협력해 제작했다.

오늘날에 루트켄의 유리 작품들은 수집 가치가 매우 높아 온라인 경매와 북유럽 모던 디자인 판매처에 단골로 등장한다.

오른쪽: 마르셀 브로이어가 뉴욕에 건축한 노이만 레지던스에 놓인 맛손의 가구.

브루노 맛손
스웨덴 가구 디자이너 겸 건축가
1907-1988

Bruno Mathsson

편안한 의자는 하나의 예술품이다.
― 브루노 맛손

가구 디자이너에서 훗날에는 건축가로도 활동한 브루노 맛손은 한참이나 시대를 앞선 인물이었다. 그는 전후 디자인의 주요 사안과 방향을 내다보는 작품을 생산했으며, 이렇게 제작된 그의 가구는 오늘날에도 판매 중이다.

맛손은 스웨덴 바르나모에서 제4세대 가구 제작자인 칼 맛손의 아들로 태어났다. 칼 맛손은 아들을 가족 사업에 참여시켰으며, 나무와 가구 제작에 필요한 공예 기술을 연마하게 했다. 맛손은 처음부터 이 기술에 흥미를 느꼈으며, 1930년 스톡홀름 전시회에서 기능주의를 접한 이후 계속해서 영향을 받았다.

하지만 그는 기계 시대의 미학을 채택하지는 않았다. 대신 가구가 인간의 자연적인 자세를 수용해야 한다고 강하게 믿었다. 또한 소위 '앉기의 역학'을 수없이 실험해 의자의 형태를 결정했다.

맛손의 초기작인 〈메뚜기 의자Grasshopper Chair〉(1931)는 바르나모 병원 로비에 설치하고자 디자인되었다. 아치형 프레임에 띠를 짜 넣은 이 의자는 그러나 다소 급진적인 외형 때문에 대중의 관심에서 멀어졌다.

1933년에 그는 자신의 작품들 중 가장 유명해질 의자의 디자인을 시작했다. 원래는 〈아르벳스톨Arbetsstol〉로 알려졌지만 나중에는 〈에바 의자Eva Chair〉라는 이름으로 불리게 된다. 그가 디자인한 다른 의자들처럼 아버지 칼 맛손의 회사에서 생산했다. 이 의자는 알바 알토가 디자인한 비슷한 의자의 영향을 받았다고 여겨졌지만 띠와 휜 합판의 독창적인 활용 방식은 알토의 작품을 몇 년이나 앞선 것이었다.

맛손의 가구는 1937년 파리에서 처음 전시되었고, 뒤이어 1939년 뉴욕 세계박람회 스웨덴관에 전시되면서 국제적으로 주목받기 시작했다. 미국의 북유럽 모던 설립에 큰 영향을 미친 에드거 카우프만 주니어는 뉴욕 현대미술관의 공공 공간에 〈아르벳스톨〉의 설치를 권유했다.

맛손은 1940년대에 미국에서 상업적으로 성공을 거두었다. 여러 제작사들이 그에게 작품을 생산하고 판매해 주겠다고 제안했지만 맛손은 계속해서 혼자 힘으로 가구를 생산하고, 홍보하고 또 판매했다.

1960년대에는 덴마크 수학자 피에트 하인Piet Hein과

Bruno Mathsson

협력해 〈수퍼 엘립스 테이블Super Ellipse Table〉을 디자인하기도 했다.

맛손의 경력에서 두 번째로 중요한 분야는 건축이었다. 독학으로 건축을 배웠는데, 1940년대 말 미국의 주요 도시들을 답사한 것이 그가 설계한 건물에 큰 영향을 미쳤다. 맛손의 건축 작품은 가구만큼이나 독창적이었다. 평면은 단순했고 내부와 외부 공간의 경계를 흐릿하게 하기 위해 유리를 많이 사용했다. 또한 온돌식 난방장치와 2중·3중 유리창을 디자인했다.

무엇보다 환경 문제가 건축가들의 주요 관심 사안이 되기 자그마치 50년 전에 이미 수동 태양열 획득 방법을 실험했다.

에바 의자 1933-1936

제작사 원래는 칼 맛손, 현재는 브루노 맛손 인터내셔널
세부 사양 좌석 골조는 단단한 자작나무로, 좌석 하단과 팔 부분은 휜 너도밤나무 합판으로 제작하며 띠은 리넨 띠나 가죽으로 덮거나 천을 씌워 구성. 다양한 색상으로 출시된다.

선구적인 북유럽 모던 작품으로 같은 시기 제작된 알토의 디자인과 비슷한 외관으로 인해 종종 비교되지만 보다 기복 있는 형태다. 인체공학적인 면을 고려해 디자인되었다.

맛손은 〈페르닐라 긴 의자Pernilla Chaise Longue〉를 비롯해 비슷한 유형의 의자를 여러 개 제작했다.

뵈르게 모겐센
덴마크 가구 디자이너 1914-1972

수많은 북유럽 모던 덴마크 가구 디자이너가 그랬듯이 뵈르게 모겐센도 카레 클린트 밑에서 훈련받았다. 그는 단순하고 기능적인 디자인으로 유명한데, 전통적인 형태를 재구현한 작품을 여럿 제작했다. 클린트가 강하게 지지한 방식이기도 했다. 클린트는 인간의 자세를 연구한 것으로도 유명한데, 기본적인 요소들을 고려해 가구를 디자인해야 한다고 주장했다. 후기에 모겐센은 이를 한 단계 발전시켜 개인의 요구 사항에 맞춘 모듈식 수납 시스템을 개발했다.

뵈르게 모겐센은 1936-1938년에 코펜하겐 예술 공예 학교에서 공부한 후에 다시 덴마크 왕립 미술 아카데미에서 수학했다. 그곳에서 클린트의 수업을 들으며 공부했고, 1941년에 졸업한 다음에도 계속 조수로 일했다.

1940년대 초반에는 덴마크 협동조합과 긴밀한 관계를 맺었다. 덴마크 협동조합은 일상에 사용할 수 있는 기능적인 디자인, 즉 간결성을 선호하지만 지나치게 모던한 디자인은 거부하는 이들을 위한 가구 제작에 힘썼다.

모겐센은 스승 클린트의 영향을 많이 받았다. 1944년에 디자인한 안락의자는 〈윈저 의자〉를 바탕으로 했으며 〈J-39 셰이커 의자J-39 Shaker Chair〉 또한 모델로 삼은 의자가 존재했다. 클린트는 셰이커 가구(셰이커 신자들이 일상생활에 쓰려고 제작한 실용적이고 간소한 가구*)의 추종자였던 것이다. 모겐센의 유명한 작품인 〈모델 No. 1789 소파Model No. 1789 Sofa〉(1945)는 전형적인 〈놀 소파Knole Sofa〉의 재현품으로, 팔걸이 부분을 아래로 내릴 수 있다.

모겐센은 열성적으로 가구를 디자인했고, 매년 코펜하겐에서 열리는 가구 제작자 길드 전시회에 출품했다. 1950년대에는 방직공 리스 알만과 협업해 많은 직물 디자인을 생산하기도 했다. 그가 디자인한 단순한 체크무늬와 줄무늬는 가구의 깔끔한 선을 보완하는 역할을 했다.

당대의 가정과 생활 방식, 특히 수납 문제에 관해 진행했던 연구는 더욱 급진적이다. 그는 1953년에 '이곳이 우리가 사는 곳이다'라는 제목의 방을 디자인했다. 작업대와 재봉대 등이 놓인 이 방은 다목적 생활공간을 잘 보여 주었다.

그뿐만 아니라 선반과 수납공간을 방의 일부로 제작할 것을 제안했고, 일련의 연구를 수행했다. 식기류에서 셔츠에 이르기까지 일상 용품을 측정하고 일반 가정이 소유하고 있는 물품을 예측해 서랍과 선반의 두께와 깊이의 표준 규격을 파악했다. 이 연구는 매뉴얼로도 출간되었으며, 모겐센이 그레테 메이어Grethe Meyer와 함께 디자인한 두 개의 기본 수납 시스템으로 발전했다.

1956년에 제작된 찬장 시스템 〈외레순드Øresund〉는 1957년에 처음 대중에게 선보인 이후 10년간 계속해서 발전을 거듭했다.

J-39 셰이커 의자 1944

제작사 FDB
세부 사양 프레임은 너도밤나무, 좌석 부위는 종이 노끈으로 제작했다.

전형적인 셰이커 의자를 덴마크식으로 재현한 것이다. 클린트의 가르침을 받은 모겐센의 디자인 철학이 잘 녹아 있다. 뛰어난 수공예 솜씨를 자랑한다.

모델 No. 1789 소파 1945

제작사 프리츠 한센
세부 사양 무광이나 유광 너도밤나무 골조로 쿠션은 단추를 넣거나 넣지 않은 천 혹은 가죽으로 제작. 소파의 한쪽을 내릴 수 있으며 가죽끈으로 위치 조절도 가능하다.

이 소파는 전통적인 의자의 간소화 버전이다. 골조의 축이 돌아간 것은 〈윈저 의자〉를 닮았으며, 측면을 내릴 수 있게 제작한 것은 〈놀 소파〉를 연상시킨다. 당시에는 천을 씌운 가구들의 상당수가 무겁고 부피가 컸던 터라 깨끗한 선과 날씬한 형태의 이 소파는 과거와의 단절을 의미하는 것이었다.

안티 누르메스니에미

핀란드 디자이너 1927-2003

안티 누르메스니에미의 작품에는 가구, 램프, 가정용품, 전화기, 기차에 이르기까지 전후 등장한 핀란드 모던 건축의 사조가 오롯이 담겨 있다. 그는 1947년부터 1950년까지 헬싱키 예술 디자인대학에서 공부한 후에 스톡홀름과 코펜하겐을 여행하며 스웨덴과 덴마크 모던 디자인의 새로운 유기적 형태를 목격했다.

1950년대 초반에 누르메스니에미는 가구와 인테리어의 합리적인 디자인 방식을 촉구하는 건축 관행을 지지하기도 했다.

그는 1953년에 부오코 에스콜린과 결혼했다. 그녀는 패션 직물 디자이너로 같은 해 마리메코의 예술 감독이 되었으며, 강한 색상과 대담하고 기하학적인 무늬, 젊은 디자인으로 유명해졌다.

누르메스니에미는 3년 후 헬싱키에 디자인 사무소를 열었다. 최초로 성공을 거둔 작품은 강철로 만든 단순한 모양의 커피포트였다. 빨간색, 노란색, 하늘색으로 제작되었는데, 색상은 전부 아내가 선택했다.

그는 아르텍과 아라비아를 비롯해 여러 북유럽 기업과 일했다. 1952년에 디자인한 사우나 스툴 같은 초기 작품들은 나무로 제작했지만 1960년대에 디자인한 유명한 작품 〈트리엔날레 의자 Triennale Chair〉(1960)는 강철로 만들었다. 이 의자로 상을 받은 적이 있으며, 최근 재발매되었다.

위: 에나멜을 입힌 밝은색 커피포트는 발매 즉시 큰 성공을 거두었다.

Antti Nurmesniemi

모델 No. 001 긴 의자 1968

제작사 부오코
세부 사양 크롬강 골조 위에 얹은 긴 의자로, 부오코 에스콜린이 디자인한 천으로 덮었다.

전통적인 형태를 우아하고 합리적으로 재해석한 가구로, 가장 본질적인 형태로 환원된 안락의자다. 이 디자인은 1964년에 아내 부오코가 설립한 회사에서 제작한 것으로, 그녀가 디자인한 독특한 직물 디자인을 선보이기 위한 수단이었다.

스벤 팔름크비스트

스웨덴 유리 디자이너 1906-1984

> 유리로도 얼마든지 빛을 조각할 수 있으며, 태양의 도움을 받으면 색상을 입힐 수도 있다.
> — 스벤 팔름크비스트

스벤 팔름크비스트는 스웨덴 남부의 유리 제조 지역에서 태어나 1928년부터 오레포스Orrefors 유리 작업장에서 조각 수업을 받았다. 그 후 스톡홀름의 예술 공예 디자인대학을 비롯한 여러 기관에서 공부했다. 또한 지식과 전문성을 획득하기 위해 파리, 이탈리아, 체코, 미국의 유리 제작 센터 등에서 시간을 보내기도 했다.

1936년에 오레포스로 돌아와 1972년까지 머물렀다. 북유럽 유리 제품에 기여한 부분은 그가 제작한 우아하고 기능적인 형태만이 아니었다. 매개체의 창의적인 잠재력을 확장시킨, 혁신적인 기술을 고안하기도 했다.

이러한 기술 중 하나가 '크라카Kraka'다. 깨끗한 유리 두 층 사이에 그물 모양의 유리 층을 한 층 더 넣어 미묘한 질감과 톤, 색상의 부드러운 변화가 연출되는 효과를 주었다. 이 기술을 사용해 제작된 유리는 1937년 파리, 1939년 뉴욕 세계박람회에서 전시되었다.

팔름크비스트의 또 다른 기술은 1954년에 등장했다. 거푸집을 사용해 녹인 유리를 회전시키는 기술로, 원심력 덕분에 거푸집 외벽 쪽으로 유리에 압력이 가해졌다. 이 기술의 최대 장점은 마무리 손질이 필요 없다는 것이다. 이 기술로 제작된 〈푸가 유리 제품Fuga Glassware〉은 1957년 밀라노 트리엔날레에 전시되었고, 금메달과 대상을 수상했다.

팔름크비스트는 장식적인 기술도 실험했다. 공기 통로 내에서 색 유리를 격리시킴으로써 유리 모자이크 효과를 내는 기술이었다. 이 기술을 활용한 〈라벤나 유리 제품Ravenna Glassware〉은 시詩적이고 화려하다.

푸가 유리 제품 1950년대

제작사 오레포스
세부 사양 유리로 만들었다.

팔름크비스트 특유의 우아한 형태가 강력한 색상을 통해 더욱 강화되었다. 그는 이 제품을 위해 푸가 기술을 개발했고, 제품에도 같은 이름을 붙였다. 녹인 유리를 거푸집에 넣고 돌리면 원심력에 의해 거푸집 외벽 쪽으로 유리에 압력이 가해지는 덕분에 마무리 손질을 할 필요가 없다.

크라카 유리 제품 1940년대

제작사 오레포스
세부 사양 유리로 만들었다.

두 개의 투명한 유리 사이에 그물망 모양의 유리를 한 층 더 넣어 아름답게 굽이치고 질감이 느껴지는 효과를 연출했다.

베르너 팬톤
Verner Panton
덴마크 건축가 겸 디자이너
1926-1998

북유럽 모던 양식 내에서도 베르너 팬톤은 이례적인 인물이다. 덴마크답지 않은 디자인 방식을 선보인 것은 물론이고 전통적인 형태를 거부하고 자연 재료를 사용했으며, 무모할 정도로 새로운 합성물질을 활용함으로써 우주 시대의 미학을 추구했다. 그럼에도 불구하고 그 역시 북유럽 모던 디자인의 영향을 받았다. 팬톤은 일관적인 디자인과 유기적인 곡선에 애착을 가졌다. 동료 덴마크 디자이너인 포울 헨닝센은 그를 '고집이 세고 영원히 늙지 않는 사람'이라고 묘사했다.

베르너 팬톤은 여관 주인의 아들로 태어나 오덴세 공업학교를 다닌 후 1951년에 덴마크 왕립 미술 아카데미를 졸업했다. 이후 2년간 아르네 야콥센의 사무실에서 일하며 〈개미 의자〉의 생산에 이바지한 여러 가지 실험의 진행을 도왔다. 팬톤은 오랫동안 유럽을 여행한 후 다시 코펜하겐으로 돌아와 사무실을 열었다.

처음부터 그는 전통을 한계까지 밀어붙였다. 재미난 상상력은 기술적인 한계를 초월했다. 처음 의뢰받은 프로젝트는 어린 시절을 보낸 푸넨 섬의 작은 마을에 위치한 여관을 재건설하고 다시 디자인하는 일이었다. 팬톤은 대담하게 내부를 빨간색으로 디자인해 일약 돌풍을 일으켰다. 〈콘 의자Cone Chair〉도 마찬가지였다.

이후 수많은 전시회의 디자인을 비롯해 혁신적인 인테리어 디자인을 맡았는데, 1960년의 아스토리아Astoria 레스토랑 재디자인 프로젝트에서 채도 높은 색을 활용하고 옵아트로부터 영향을 받아 기상천외한 형태를 적용했다.

10년 후에 개최된 '비지오나Visiona 2' 전시를 위한 팬톤의 환각적인 인테리어는 쾰른 가구박람회에서 큰 관심을 끌었다. 이 디자인은 3차원적인 카펫, 작은 동굴 같은 외피, 흐르는 듯한 형태, 그리고 밝은색을 활용해 온갖 감각적인 경험을 꾀했으며, 건축과 인테리어, 가구의 경계를 무너뜨렸다.

그는 평생 프리츠 한센이나 루이스 폴센 등에서 가구, 램프, 직물 등을 디자인했다. 가장 상징적인 의자들 중 하나인 〈팬톤 의자Panton Chair〉 혹은 〈쌓기 의자Stacking Chair〉는 그보다 앞서 제작한 〈S 의자S-Chair〉(1955)에서 출발했는데, 이 의자는 캔틸레버 구조로 된 하나의 합판으로 만들었다.

〈팬톤 의자〉는 〈S 의자〉와 형태는 비슷했지만 기본 개념은 '가소성 있게 만드는 것'이었다. 수년간의 개발 끝에 팬톤이 스위스에 정착할 무렵 〈팬톤 의자〉가 세상에 모습을 드러냈다.

후기에는 보다 기하학적인 형태를 탐구했다. 그의 작품들이 오늘날에 등장했다면 더 인기를 얻고 성공했을 것이다. 새로운 세대는 진보적이고 긍정적인 디자인의 진가를 높이 평가하기 때문이다.

내 작업의 주요 목적은 사람들로 하여금 상상력을 활용하도록 촉구하는 것이다. 대부분의 사람들은 따분한 회색과 베이지색에 만족하며 다른 색상을 사용하는 것을 극도로 두려워한다. 나는 빛, 색상, 직물, 가구를 실험하고 최신 기술을 활용함으로써 새로운 방식을 보여 주고자 한다. 사람들이 상상력을 활용하고 주변을 더욱 흥미롭게 만들도록 권장하기 위해서다.

— 베르너 팬톤

콘 의자 1958

제작사 원래는 플러스 린제Plus-Linje, 현재는 비트라Vitra

세부 사양 합판으로 만든 원뿔 모양의 몸체를 유광 스테인리스강으로 만든 다리 위에 얹어 제작. 몸체는 폴리우레탄으로 씌운다.

팬톤이 초창기에 선보인 급진적인 작품들 중 하나인 〈콘 의자〉는 국제적인 반향을 일으켰다. 의자의 형태는 꼭 아이스크림콘을 연상시키며, 팝송에서 영감을 받은 팬톤의 평소 미학이 잘 녹아 있다. 원래는 코미겐 게스트 하우스 내부에 놓기 위해 디자인되었다.

판텔라 램프 1970

제작사 루이스 폴센

세부 사양 고압축 조형 단백석 아크릴로 만든 반구형 등. 다리 부분은 폴리카보네이트, 대부분은 강철로 제작. 바닥용과 식탁용 두 가지 버전으로 제작되었고, 식탁용은 등이 더 작다. 원래는 다양한 색상이었으나 현재는 흰색으로만 제작 가능하다.

〈판텔라 램프Panthella Lamp〉의 차분한 형태는 팬톤의 절제된 조명 디자인 철학이 반영된 것이다. 바닥으로부터 뻗어 나온 섬세한 기둥이 버섯 모양의 반구형 갓을 지지한다. 갓과 바닥 부분 모두 반사물 역할을 해 주위에 부드러운 조명을 선사한다.

Verner Panton

팬톤 의자 1960

제작사 처음에는 허먼 밀러 Herman Miller, 1990년 비트라에서 재발매

세부 사양 등받이, 좌석, 다리 부분을 하나의 형태로 구현했으며, 세 개 버전으로 제작 가능. '클래식' 버전은 딱딱한 폼 플라스틱에 래커칠로 마무리, '스탠다드' 버전은 색상을 입힌 폴리프로필렌에 유광 마무리, '주니어' 버전은 원형을 25% 작게 제작. '클래식' 버전과 '스탠다드' 버전은 빨간색, 흰색, 검은색으로, '주니어' 버전은 7가지 색상으로 출시된다.

〈팬톤 의자〉는 플라스틱 기술의 발전과 더불어 지난 몇십 년간 진가를 발휘했다. 처음에 등장한 캔틸레버식 디자인은 플라스틱으로 만들어질 예정이었지만 제작상의 어려움으로 개념 자체는 1960년에 제안되었을지라도 실제로 생산된 것은 1967년이었다. 그 다음 해에 쾰른 가구박람회에서 높은 평가를 받았다.

이후 플라스틱 기술이 더욱 발전함에 따라 대량으로 생산할 수 있었다. 하지만 당시 제작된 플라스틱은 강도가 충분하지 않아 1979년에 결국 생산을 중단했다. 1990년에 비트라가 폴리프로필렌과 경질 폴리우레탄 폼을 사용해 재발매했다.

마치 장갑처럼 인체의 형태에 맞게 디자인된 섹시한 곡선과 반짝이는 마감은 자동차 디자인을 연상시킨다. 최근 아이들의 신체에 맞게 조정된 새로운 버전이 출시되기도 했다.

시구르드 페르손

스웨덴 디자이너 1914-2003

금속 제품과 보석으로 유명한 시구르드 페르손은 전통 공예가 집안에서 태어났다. 열네 살 때부터 스물두 살까지 아버지로부터 은세공을 배웠으며, 뮌헨으로 넘어가 공부했다. 훗날에는 스톡홀름 예술 공예 디자인대학에서 수학했다.

공부를 마친 그는 1942년에 스톡홀름에 작업장을 열었다. 초창기 작품들은 주로 식기류와 보석에 집중되어 있었으며, 대부분 은으로 만들었다. 1949년에는 산업 디자인 사무소도 열어 단 하나뿐인 예술품 제작과 상업적인 일상 용품 디자인이라는 두 가지 분야를 평생, 오랫동안 성공적으로 이끌어 나갔다. 간결성과 조각적인 특성은 두 분야의 작품 모두에서 나타난 주요 특징이었다.

1950년대에 페르손은 실버 앤 스톨Silver&Stål에서 스테인리스강 접시를 디자인했다. 이 접시는 기능주의나 미적인 면에서 당대 도기 제품의 트렌드를 반영했다.

다른 프로젝트로는 SAS를 위한 식기류, 스웨덴 유리 세공업체 코스타를 위한 유리 제품 외에도 반지, 목걸이, 팔찌를 비롯한 기타 보석과 은제품 등이 있었다. 그 상당수는 국제 박물관과 미술관에 전시되어 있다.

런던 예술 왕립협회는 1987년에 그를 우수 산업 디자이너로 선정했고, 1993년에는 협회 회원으로 인정했다. 그의 은세공 기술은 미국에서 은세공 기술이 부흥하는 데에도 크게 기여했다.

채소 접시 1953

제작사 실버 앤 스톨

세부 사양 스테인리스강으로 만들어졌다.

1950년대의 도자기를 연상시킨다. 하나를 쌓거나 뒤집어 얹어 뚜껑으로 사용할 수 있도록 디자인된 접시의 유기적인 형태와 조각적인 특성은 기능주의 이상의 특별함을 제공한다.

옌스 크비스트고르

덴마크 디자이너 1919-2008

> 대량 생산을 위해 디자인하는 공예가는 우선 자신이 사용하는 재료부터 파악해야 한다.
> — 옌스 크비스트고르

크비스트고르는 코펜하겐에서 태어났다. 그의 아버지는 덴마크 왕립 미술 아카데미에서 강의도 했던 유명 조각가였고, 어머니는 화가였다. 처음부터 그는 특히 나무에 매료되었으나 점토, 철, 강철 등을 활용하는 법도 배웠다.

어린 시절에는 아버지가 가져다준 나무로 스스로 장난감을 만들었다. 열네 살 크리스마스 선물로는 자신의 바람대로 대장간과 모루(뜨거운 금속을 올려놓고 두드릴 때 쓰는 쇠로 된 대*)를 받았다. 크비스트고르는 정식 교육은 거의 받지 못했다. 독학하거나 아버지 밑에서 배운 게 다였으며, 죠지 젠슨의 은세공 스튜디오에서 견습생으로 일하기도 했다.

그는 제2차 세계대전이 종식된 후부터 독립적인 디자이너로 활동했다. 재료에 대한 완벽한 이해를 바탕으로 유동적이고 유기적인 형태의 제품을 생산했는데, 디자인의 상당수를 전통적인 선례에서 영감받아 제작했다. 덕분에 1954년에는 룬닝상을 수상했다.

같은 해 그의 작품은 미국 기업가이자 엔지니어인 테드 니렌버그의 눈에 띄었다. 니렌버그는 코펜하겐을 방문하는 동안 박물관에서 크비스트고르가 디자인한 접시를 봤다. 손으로 만든 스테인리스강에 티크 손잡이를 붙인 것 같은, 소재의 독특한 혼합 방식에 매혹을 느낀 그는 크비스트고르에게 제품을 대량 생산하자고 설득했다. 그리하여 그 유명한 댄스크Dansk가 설립되었다.

댄스크는 원래 뉴욕 주에 뿌리를 둔 회사인데 북유럽 모던 가정용품을 미국 시장에 소개한 것으로 유명하다. 크비스트고르는 30년 넘게 코펜하겐에 위치한 자신의 스튜디오에서 댄스크의 제품을 디자인했다.

일상 용품 디자이너로서 다양한 재료가 갖고 있는 고유한 특징을 본능적으로 파악해 이를 혼합하여 풍부하고 유기적인 형태를 사용한 것으로도 유명하다. 얼음통, 샐러드 볼, 후추 분쇄기 등의 유명하고 인기 있는 작품의 상당수를 나무, 특히 티크재로 만들었지만 에나멜을 입힌 강철과 주철 같은 다양한 재료를 활용해 취사도구, 촛대, 식기류 등을 디자인하기도 했다. 전통적인 공예 기술과 형태를 유동적이고 조각적인 디자인 방식과 결합시킨 그의 가정용품들은 대량 생산 방식을 취하면서도 인간적인 면을 잃지 않았다.

크비스트고르는 80대가 되어서도 일을 멈추지 않았다. 총 4,500개가량의 가정용품 외에도 그래픽 디자인과 건축 디자인에 참여했다.

104쪽: 크비스트고르는 일상 용품 디자인에 뛰어난 재능을 보였다. 사진 오른쪽 끝에 그의 상징적인 제품인 티크로 만든 얼음 통이 보인다. 에나멜을 입힌 유색 취사도구도 그의 작품이다.

Jens Quistgaard

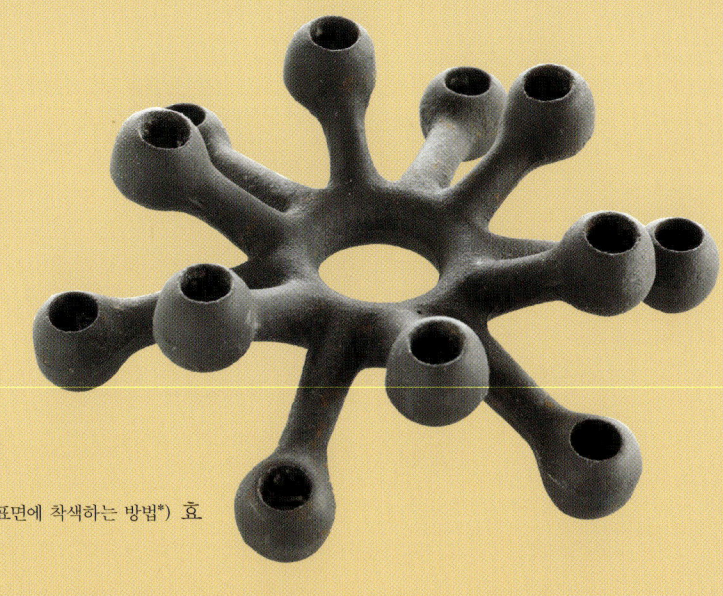

거미 촛대 1950년대 중반

제작사 덴스크
세부 사양 검은 파티네이션partination(화공 약품을 이용하여 금속 표면에 착색하는 방법*) 효과를 준 주철로 만들었다.

크비스트고르는 촛대처럼 테이블 위에 놓을 수 있는 작품을 다양하게 디자인했는데, 대부분 주철로 제작하고 거친 검은색으로 마감했다. 〈거미 촛대Spider Candleholder〉는 1950년대에 인기 많았던 디자인으로, 가느다란 양초 12개를 한 번에 꽂을 수 있다. 이외에도 그는 많은 초를 꽂을 수 있는 촛대를 여러 개 디자인했다.

콩고 얼음 통 1960

제작사 덴스크
세부 사양 티크를 사용했다.

티크재로 만든 이 얼음 통은 크비스트고르의 작품 가운데 가장 유명한 하나로, 바이킹 함선의 선체에서 영감을 얻어 제작했다. 그는 유난히 나무를 좋아해 샐러드 볼, 도마, 서빙용 접시, 쟁반 등을 티크로 제작했다.

코벤스타일 취사도구 1954

제작사 덴스크
세부 사양 뚜껑 달린 찜 냄비와 스튜 냄비 등을 포함한 조리 팬 시리즈로 밝은 빨간색, 청록색, 노란색 등의 강렬한 색상으로 출시되며, 에나멜 처리된 강철로 제작된다.

덴스크가 1956년에 선보인 〈코벤스타일Kobenstyle〉 오븐 투 테이블 용기는 크비스트고르의 디자인 방식을 보여 주는 좋은 예다. 그의 목표는 주철보다 가볍고 경제적이며, 식탁 위에 놓기에 충분히 아름다운 냄비를 디자인하는 것이었다. 에나멜 처리된 강철은 조잡하다는 인식이 있지만 이 제품은 튼튼하고 또 아름답게 디자인되어 큰 인기를 끌었다.

손잡이의 유기적인 곡선은 크비스트고르가 재료의 특징을 고려하기 위해 기울였던 노력을 반영한다. 뚜껑은 뒤집어서 받침으로 사용할 수 있다.

에로 사리넨

핀란드계 미국 건축가 겸 디자이너 1910-1961

엄격히 말해 에로 사리넨은 북유럽 모던 디자이너는 아니다. 그러나 그는 20세기 중반, 북유럽과 미국 디자인·미학의 가교 역할을 한 중요 인물이다. 특히 에로 사리넨의 아버지 엘리엘 사리넨Eliel Saarinen이 공동 설립한 미국 미시간 주의 크랜브룩 예술 아카데미에서 일하며 자신의 역할을 훌륭히 수행했다.

엘리엘 사리넨은 건축가이자 도시 설계가로 핀란드 디자인에서 가장 중요한 인물들 중 한 명이다. 1922년에 그는 가족들을 이끌고 미국으로 이민을 떠났으며, 그로부터 10년 후 크랜브룩 예술 아카데미를 설립했다. 이 학교는 나중에 유명 디자인 학교가 되었다.

엘리엘의 부인은 직물 디자이너이자 조각가, 딸은 인테리어 디자이너, 아들 에로 사리넨은 훗날 유명한 건축가이자 디자이너가 되었다. 가족 전체가 크랜브룩 예술 아카데미의 디자인에 기여했는데, 장식품에 풍경을 녹여 냄으로써 캠퍼스가 하나의 풍경으로 인식되도록 설계했다.

사리넨은 찰스 임스, 레이 임스, 플로렌스 놀Florence Knoll, 해리 베르토이아Harry Bertoia처럼 뛰어난 20세기 미국 디자이너인 동시에 북유럽 디자인에 내재된 인간적인 면과 유럽의 모더니즘을 조화시킨 인물로도 유명하다. 미국에서 제2차 세계대전 이후 북유럽 모던이 비평가들로부터 좋은 평가와 대중의 인기를 얻게 된 이유의 어느 정도는 그가 미국에 북유럽 모던 디자인을 널리 퍼뜨린 덕이라고 할 수 있다.

에로 사리넨은 파리에서 조각을 공부한 다음 예일 대학에서 건축을 수학해 1934년에 졸업했다. 여러 곳을 여행한 후에는 크랜브룩 예술 아카데미로 돌아와 한동안 교사로 일하다 아버지와 함께 건축 프로젝트들을 진행했다. 찰스 임스와 플로렌스 놀과는 가까운 친구였다. 1940년에 사리넨과 임스는 '현대미술관의 유기적인 실내장식 용품 디자인' 공모에 함께 디자인한 조형 합판 의자를 제출하여 1등으로 당선되었다. 그 후 임스는 계속해서 허먼 밀러와 일했지만 사리넨은 놀 어소시에이츠Knoll Associates에서 가구를 디자인했다. 1950년에는 마침내 자신의 건축 사무소를 열었다.

사리넨은 51세의 이른 나이에 사망했지만 전후 미국 디자인과 건축 방향에 지대한 영향을 미쳤다. 그가 설계한 가장 유명한 건축물은 뉴욕 존 F. 케네디 국제공항의 TWA 터미널TWA Terminal이다. 그가 디자인한 가구의 조각적이고 유기적인 형태를 닮아 있는데, 다른 주요 작품들은 각기 다른 양식으로 설계되었다. 일부 비평가들은 비일관성을 비판하기도 했다.

사리넨은 일평생 핀란드와 가까운 관계를 유지했다. 그는 시드니 오페라 하우스 심사위원으로 활동하며 요른 웃손의 설계안이 최종 당선작으로 채택되는 데 중요한 역할을 했다.

109쪽: 에로 사리넨이 1955-1957년에 디자인한 〈튤립 테이블Tulip Table〉과 〈튤립 의자 Tulip Chair〉다.

자궁 의자 1946-1948

제작사 놀

세부 사양 주조된 강화 섬유 유리로 뼈대를 만들고 그 위에 발포 고무를 씌워 만든 의자로, 하단 부분은 흰 철골에 유광 크롬으로 마감하거나 검은색 무광 분체 도료로 마무리해 제작. 등받이와 좌석은 별도의 쿠션으로 구성. 스탠다드, 미디엄, 스몰의 세 가지 사이즈로 제작된다. 스탠다드와 미디엄은 오토만ottoman(위에 부드러운 천을 댄 기다란 상자 같은 가구. 상자 안에는 물건을 저장하고 윗부분은 의자로 씀*)이 함께 제공됨. 놀에서 제작되는 다양한 직물과 가죽으로 전체를 씌울 수 있다.

사리넨은 '웅크리고 앉을 수 있는' 의자를 만들어 달라는 플로렌스 놀의 제안에 따라 〈자궁 의자Womb Chair〉를 디자인했다. 이 의자는 물리적이고 심리적인 안정감을 제공한다. 전통적인 안락의자와 달리 깔끔하고 세련된 느낌이나 편안함을 포기하지도 않았다.

이 의자는 사리넨이 주창했던 유기적이고 인간적인 감성을 잘 반영하는데, 이는 20세기 중반 디자인의 전형이 되었다. 〈자궁 의자〉는 오늘날에도 생산된다.

튤립 의자 1955-1957

제작사 놀

세부 사양 좌석 부위 뼈대는 강화 플라스틱 접착으로 마감한 주형 섬유 유리로, 하단은 코팅 마감한 주조 알루미늄으로, 좌석 쿠션은 성긴 발포 고무를 넣거나 속을 꽉 채운 후 덮개를 씌워서 제작. 하단과 몸체는 검은색, 흰색, 백금으로 제작 가능하며, 놀에서 제작되는 다양한 직물과 가죽으로 덧씌울 수 있다.

탁자와 사이드테이블 등으로 구성된 페데스탈 가구 시리즈의 일부다. 이 회전의자는 시각적 통일성의 진수를 보여 준다. 사리넨은 현대 가구 디자인의 주요 특징인 '형편없는 다리'를 깨끗하게 디자인하고자 했다. 의자는 두 부분으로 구성되는데, 팔걸이는 선택 가능하고 하단 부분은 플라스틱 코팅 처리해 의자가 하나의 형태처럼 보이도록 했다.

이 의자는 전후 디자인의 아이콘으로 수많은 상을 받았으며, 같은 디자인의 탁자와 함께 놓을 경우 마치 조각 작품처럼 상당한 존재감을 드러낸다.

아스트리드 삼페
Astrid Sampe
스웨덴 직물 디자이너 1909-2002

삼페는 전통 공예가 긴 역사를 자랑할 당시, 수 세대에 걸쳐 방직을 업으로 삼은 집안에서 태어났다. 그녀는 1928년부터 1932년까지 스톡홀름 예술 공예 디자인대학에서 공부하며 교환학생 자격으로 런던 왕립 예술학교를 다니기도 했다.

학업을 마친 후에는 스톡홀름과 예테보리에 지사가 있는 스웨덴의 대형 백화점 NK에 취업했다. 이 회사는 1937년에 직물 스튜디오를 오픈하며 총 책임자로 그녀를 임명했다. 이후 1971년에 스튜디오가 문을 닫을 때까지 자리를 지켰다.

삼페는 여기서 디자인을 담당했을 뿐만 아니라 선물 시장을 겨냥하여 유명 디자이너들의 작품을 모은 '서명된 직물'이라는 시리즈를 시도하기도 했다. 스티그 린드버그와 스벤 마르켈리우스도 그녀의 설득으로 NK와 작업을 진행했다.

1939년에는 스벤 마르켈리우스와 협력해 뉴욕 세계 박람회의 스웨덴관을 디자인했다. 그곳에 전시된 그녀의 직물은 큰 주목을 받았다.

한편 미국 가구 회사 놀은 자사의 다양한 가구에 사용할 천을 찾지 못해 영국 재단사가 제작한 양복감을 사용하다 1947년에 마침내 자체적인 직물 부서를 설립했다. 삼페는 이 회사의 '국제 그룹'에 채용된 여섯 명 중 하나였고, 여기에는 마르켈리우스와 린드버그도 있었다.

삼페는 평생 각종 전시회에 자신의 작품을 선보였으며, 여러 차례 수상했다. 1949년에는 런던 빌딩 센터의 '모던 스웨덴 가정' 전시에 기여한 공을 인정받아 런던 왕립 예술협회로부터 왕립 명예 디자이너상을 받았다. 1954년 밀라노 트리엔날레에서 대상을 수상했고, 1961년에는 UN 하마슐드Hammarskjold 도서관 디자인을 의뢰받기도 했다.

가정용 리넨, 카펫, 직물 등 삼페의 작품들은 전통 공예품의 상업적인 생산을 표방했다. 그녀는 강한 색상과 기하학, 추상적인 무늬를 자신 있게 다루었다. 그리고 새로운 도전에도 머뭇거리지 않았다.

1960년에는 스웨덴 디자이너 최초로 섬유 유리를 직조했으며, 1970년대 말에 자신의 스튜디오를 연 후부터는 컴퓨터를 이용한 패턴 제작을 실험하기 시작했다.

레이지 라인 직물 1950년대

제작사 원래는 놀 인터내셔널이 제작. 1985년에 울-베리스 텍스틸트리스크가 재발매
세부 사양 평직면을 스크린 인쇄했다.

삼페가 '국제 그룹' 프로젝트의 일환으로 놀에서 디자인한 무늬다. 당시에 놀은 가구를 제작해 출시할 때 보통 꽃무늬나 양단(금색이나 은색 명주실로 두껍게 짠 비단*)으로 만든 천만 사용했다. 따라서 가구 디자인의 선명한 선을 유지하기 위해서는 영국 재단사로부터 수수한 양복감을 수입해 올 수밖에 없었다.

〈레이지 라인 직물 Lazy Lines Textile〉의 단순한 줄무늬는 전통적인 스웨덴 직물의 특징을 보이는데 북유럽 모던의 인기 속에서 새롭게 주목받기 시작했다.

Astrid Sampe

Timo Sarpaneva

티모 사르파네바
핀란드 디자이너 1926-2006

> 유리는 나를 기존의 3차원에서 벗어나게 한다. 내 안 가장 깊은 곳까지 도달해 나를 4차원으로 데려다준다. 나는 깨끗하고 투명한 유리가 예술가와 디자이너에게 큰 기회를 선사한다고 생각한다.
> — 티모 사르파네바

티모 사르파네바는 수많은 재료의 대가였지만 특히 유리 다루는 솜씨가 탁월했다. 그는 핀란드가 전후 기간에 디자인으로 명성을 날리는 데 기여했다. 대장장이의 손자로 태어나 헬싱키 예술 디자인대학에서 공부한 후, 1948년에 졸업했다. 그로부터 2년 후에 이탈라 유리 공작소에서 제품 디자이너 겸 전시 총 책임자로 일하며 자신의 가장 독창적인 작품들을 제작했다.

사르파네바는 이탈라와의 오랜 제휴 기간 동안 다양한 방법을 실험해 일상 용품만이 아니라 예술적인 유리 작품들도 생산했다. 그중 하나인 〈아이 글라스 I-Glass〉 유리 용기 시리즈는 일상 용품을 미의 대상으로 끌어올린 제품으로, 은은한 색상으로 출시되었다. 이 제품은 1957년 밀라노 트리엔날레 대상을 수상했다.

포장과 로고도 디자인했는데, 당시로서는 매우 드문 일이었다. 이탈라는 사르파네바가 디자인한 로고를 회사 상표로 채택했다.

1960년대에 그는 불투명 유리를 활용해 북유럽 풍경을 연상시키는 조각 작품을 많이 생산했다. 꽃병 시리즈인 〈핀란디아 Finlandia〉는 오리나무를 거칠게 깎아 만든 거푸집을 이용해 제작했다. 그 결과 꽃병에는 목문이 새겨졌고 나무 거푸집은 녹은 유리 때문에 타 버렸다. 따라서 다음번 제작 시에는 표면 질감이 다른 나무를 사용해야 했고, 그 결과 매번 다른 꽃병이 탄생했다. 인기 높은 〈페스티보 촛대 Festivo Candleholder〉를 제작하는 데에도 같은 기술이 사용되었다.

훗날 사르파네바는 다시 순수한 형태를 추구했고, 이는 1950년대에 그의 작품이 지니는 주요 특징이 되었다. 다양한 크기의 거품을 유리 안에 가두어 만든 〈아키펠라고 Arkipelago〉 컬렉션은 얼음 조각을 상기시키며, 더 큰 거품을 가두어 만든 〈클라리타스 Claritas〉는 그가 초창기에 디자인한 조각적인 작품 형태를 연상시킨다.

1990년대에는 이탈리아 무라노에 있는 베니니 유리 공작소와 협력했다. 그곳에서 일하는 유리공예의 거장 피노 시뇨레토 Pino Signoretto가 사르파네바가 디자인한 〈새천년 Millennium Meum〉 유리 조각을 제작했다.

사르파네바는 유리 제품으로 유명하지만 다른 분야에서도 뛰어난 기량을 발휘했다. 직물 디자인으로 1951년 밀라노 트리엔날레에서 국제적인 찬사를 받았으며, 훗날에는 주철, 도자기, 그래픽 디자인에도 참여했다. 그의 작품은 널리 전시되었고 덕분에 수많은 상을 받았다. 1963년에는 런던 왕립 예술협회로부터 왕립 명예 산업 디자이너상을 수상했고, 1967년에는 왕립 예술대학에서 명예박사 학위를 받았다.

유리는 공간적인 재료이기 때문에 빛을 이용하는 데에 가장 적합하다.
- 티모 사르파네바

아이 글라스 1956

제작사 이탈라
세부 사양 디캔더와 텀블러 등 17가지 제품으로 이루어진 유리 용기 시리즈다.

〈아이 글라스〉 시리즈는 큰 인기를 끌며 성공을 거두었다. 평범한 가정에 예술을 끌어들인 이 제품의 순수한 형태는 파란색, 회색, 녹색, 보라색 등 은은한 색상으로 한층 강화된다. 디캔더의 작은 주둥이 부분은 곡선형의 유기적인 형태와 더불어 우아한 새의 모습을 닮았다.

주철 냄비 1960

제작사 원래는 W. 로젠류&코. 현재는 이탈라
세부 사양 법랑을 입힌 주철과 분리 가능한 티크 손잡이가 있다.

사르파네바의 할아버지는 대장장이였기에 어린 시절에 그는 대장간에서 이루어지는 작업에 매료되었다. 이 냄비는 전통적인 디자인을 재작업한 것으로 분리 가능한 손잡이는 냄비를 들어 올리거나 뚜껑을 열 때 사용할 수 있다. 핀란드 최고의 디자인을 기념하는 우표 시리즈에 등장하기도 했다.

Timo Sarpaneva

요른 웃손
Jørn Utzon
덴마크 건축가 겸 디자이너 1918-2008

요른 웃손은 시드니의 상징인 오페라 하우스의 디자이너로 유명하다. 1957년에 오페라 하우스 현상 공모에 당선되었으나 처음부터 논란이 많았다. 심사 위원이었던 에로 사리넨은 웃손의 설계안을 천재의 작품이라 극찬했지만 그의 작품은 현상 공모의 기본 법칙을 준수하지 않았던 것이다.

프로젝트와 관련된 문제, 특히 조개껍데기 모양의 지붕을 어떻게 건설할지에 관한 기술적인 문제, 정치적 권모술수, 예산 초과 등으로 웃손은 완공도 전에 건설 계획에서 배제당했다. 그는 다시는 호주를 방문하지 못했고, 당연히 건물 개관식에도 초대받지 못했다.

웃손은 덴마크 왕립 미술 아카데미에서 건축을 공부하고 1942년에 졸업했다. 그 후에는 에릭 군나르 아스푸룬드 밑에서 일했고, 1947년에 건축 사무소를 열었다. 건물 말고도 가구, 유리 제품, 조명도 디자인했다. 프리츠 한센에서 디자인한 〈플로팅 독Floating Dock〉은 식탁과 의자로 구성되었으며, 삼각형 단면의 알루미늄 자재로 이루어진 연동 시스템을 활용했다.

웃손은 우수한 디자이너였고 많은 상을 받았다. 1978년에는 영국 건축학회로부터 금메달을 수상했고, 2003년에는 건축 분야에서 가장 저명한 프리츠커Prizker 건축상을 받았다.

오페라 하우스 펜던트 램프 1960년대

제작사 라이트 이어즈Light Years (2006년 이후)

세부 사양 서로 겹쳐지는 7개의 금속 갓으로 이루어지며, 흰색 래커칠로 마감했다.

시드니에서 가장 유명한 건물인 오페라 하우스의 각 분절된 마디를 연상시키는 〈오페라 하우스 펜던트 램프Opera House Pendant Lamp〉는 여러 개의 갓을 통한 빛의 확산 원리를 활용한 작품이다. 7개의 갓은 부드럽고 유기적인 곡선을 형성하며 4개의 장착 나사로 바닥에 고정되어 있다. 빛은 조명 하단과 서로 겹쳐지는 갓 사이로도 발산되기 때문에 추가적인 장식 효과를 낸다.

폴 볼테르
덴마크 건축가 겸 가구 디자이너
1923-2001

Poul Volther

덴마크의 주요 건축가로 〈코로나 의자Corona Chair〉로 국제적으로도 잘 알려져 있다. 이 의자는 북유럽 모던 디자인의 아이콘들 중 하나다. 핀 율이나 한스 웨그너 같은 덴마크 디자이너들의 작품을 특징짓는 요소인 전통적인 형태의 재작업과는 확실히 다르지만 볼테르 나름대로는 피상적인 디자인 추세와 유행 사조에 반대하고 고품질을 추구했다.

그는 소목장으로 일하다 코펜하겐 예술 공예학교에서 가구 제작과 건축을 공부했다. 졸업 후인 1949년에 건축 디자인 사무소를 열었으며, 여러 코펜하겐 디자인 단체에서 영향력 있는 교사로 활동했다.

코로나 의자 *1961*

제작사 에리크 외르겐센Erik Jørgensen

세부 사양 등받이와 좌석 부위는 4개의 조형 합판 골조로 만들고 조형 폴리우레탄 폼으로 마감. 다리와 지지 부위는 무광 크롬강으로 제작하고 덮개는 직물이나 가죽에서 선택 가능하며 발 받침대도 함께 제공된다.

볼테르가 1961년에 디자인한 〈코로나 의자〉는 나무를 이용하는 덴마크 모던 전통에서 탈피했다. 초기 견본 골조는 단단한 오크나무로 만들었지만 1964년에 출시되었을 때에는 골조를 크롬강으로 제작했다. 원래는 붉은색 가죽으로 씌웠는데, 1960년대 이래로 이 의자를 제작해 오고 있는 에리크 외르겐센이 원래는 안장 제작자였기 때문이다.

좌석과 등 부위를 구성하는 떠 있는 부분이 가장 큰 특징이다. 부드러운 곡선 모양의 뼈대는 몸체를 정확하게 지지해 주며 팔걸이로 사용할 수도 있다. 일식 때 태양이 달에 가려지면서 그 둘레에 빛나는 타원형 부분에서 영감을 받은 것으로 전해진다. 이런 이유로 이름도 '코로나'가 되었다. 의자의 유기적인 형태는 척추와 갈비뼈를 연상시키기도 한다. 날씬하고 거의 비물질적인 형태 덕분에 영화 촬영장에서나 비디오 제작 시에 인기 소품으로 활용되었다. 2002년 12월에 코펜하겐에서 열린 EU 정상회담에서도 사용되었다.

119쪽: 한스 웨그너의 작품은 목재를 다루는 그의 직관적인 능력과 뛰어난 공예 솜씨로 특징지을 수 있다.

한스 웨그너
덴마크 디자이너 1914-2007

Hans Wegner

상당수의 외국인이 나에게 덴마크 양식을 어떻게 구현하는지 묻는다. 내 대답은 이렇다. 덴마크 양식은 지속적인 정화 과정이며 나에게는 간소화 과정이다. 그리하여 의자는 네 개의 다리와 좌석, 등받이와 팔걸이라는 가능한 단순한 요소로 환원된다.
— 한스 웨그너

북유럽 모던이 국제적인 성공을 거두는 데 한스 웨그너보다 더 큰 기여를 한 사람은 없을 것이다. 500개 이상의 의자를 디자인했으며, 20세기 중반에 덴마크 디자인의 특징이었던 공예 기술과 간결성, 그리고 아름다움을 구현하는 데 전념을 다했다. 그는 나무를 사랑했으며 재료를 다루는 타고난 능력으로 시간이 지나도 변치 않는 활력을 불어넣었다.

웨그너는 구두 수선공의 아들이었다. 자연스럽게 목수로서의 견습 기간을 거친 다음 코펜하겐 기술대학에서 공부하고 예술 공예학교에 진학했다. 졸업 2년 후인 1940년에 아르네 야콥센과 에릭 묄러의 건축 사무소에서 가구 디자이너로 일하기 시작했다. 그곳에서 덴마크에서 가장 중요한 현대 건축물들 중 하나인 오르후스 시 청사에 들어갈 가구 제작을 맡았다.

웨그너는 사회적 책임을 중시했던 교육 제도 때문에 당시에는 새로운 사상이었던 기능주의를 접했다. 기능주의는 정직한 제작과 순수한 형태를 위해 장식을 배제했다. 그가 다른 모더니스트들과 다른 점이 있다면 그것은 나무 사용을 포기하지 않고 공예 전통을 고수했다는 사실이다.

1943년에 코펜하겐 북부에 위치한 겐토프테에 사무실을 열어 〈중국 의자 Chinese Chair〉라는 가구 시리즈의 디자인을 시작했다. 전통적인 디자인을 품격 있게 간소화시킨 이 의자는 프리츠 한센에서 생산했다. 이 기간에 그는 뵈르게 모겐센과도 협력해 1946년에 코펜하겐에서 열린 가구 제작자 길드 전시회에 선보인 아파트를 위한 가구를 공동 디자인했다. 웨그너는 1941년 연례 전시회에서 자신이 디자인한 의자를 처음 선보였으며, 1966년까지 매년 작품을 출품했다.

〈라운드 의자〉를 디자인한 1949년 코펜하겐에 드디어 디자인 사무실을 열었다. 그가 디자이너로 성공을 거둔 데에는 숙련된 장인을 고용한 소규모 제작자 요하네스 한센 Johannes Hanssen과의 관계가 큰 역할을 했다.

디자이너와 제작자와의 긴밀한 협력은 덴마크 가구 제작의 특징이다. 웨그너는 기술적인 문제가 알아서 해결되기를 기대하는 대신에 제작자와 함께 고민했다. 그는 여러 명의 덴마크 제작자와 협력했는데, 대부분이 소규모 제작자였다.

유명하고 성공적인 작품으로 〈중국 의자〉(1943), 〈공작 의자〉(1947), 〈Y 의자 Y Chair〉(혹은 〈위시본 의자 Wishbone Chair〉)(1949)와 단단한 나무로 조각한 〈라운드 의자〉(1949)를 꼽을 수 있다. 〈테디베어 의자 Teddy Bear Chair〉(1950)는 천으로 씌워 제작한 반면 〈황소 의자 Ox Chair〉(1960)는 나무를 사용하지 않고 휘어지는 금속으로 의자 다리를 제작했다.

웨그너는 언제나 완벽한 의자 디자인을 추구했지만 종종 재미있는 요소도 부여했다. 〈발렛 의자 Valet Chair〉(1953)는 옷걸이 형태의 등받이, 좌석 아랫부분의 발걸이와 보관함이 있는 재치 있는 다용도 의자다. 옷을 걸어 놓을 수 있는 장소와 의자로 다방면으로 활용할 수 있다.

웨그너가 디자인한 의자는 편안했다. 그는 의자가 하나의 자세로 고정되어서는 안 되며, 움직일 수 있거나 다양한 자세를 수용할 수 있도록 제작되어야 한다고 믿었다. 특히 안락의자가 그러했다. 웅크려 앉거나 똑바로 앉거나 뒤로 기대거나 팔 위로 다리를 흔들거나 하는 등, 어떠한 자세를 취해도 편안하다. 그가 디자인한 의자의 상당수가 최소한의 재료를 사용해 제작되었음에도 내구성이 떨어지지 않는다.

1951년에 그는 루닝상과 밀라노 트리엔날레 대상을 수상했다. 런던 왕립 예술협회는 1959년에 그를 명예 산업 디자이너로 선정했고, 1997년에 왕립 대학은 명예학위를 수여했다. 80대가 될 때까지도 웨그너는 작업을 멈추지 않았다.

PP550 공작 의자 1947

제작사 원래는 요하네스 한센, 1992년부터는 PP 뫼블러 PP Møbler
세부 사양 골조는 너도밤나무, 좌석 부위는 종이끈이다.

전형적인 〈윈저 의자〉를 재해석한 작품으로 핀 율이 부채 모양 등 부위를 보고 〈공작 의자〉라는 이름을 붙였다. 인체공학적인 바퀴살 모양의 납작한 부분은 장식 요소인 동시에 사용자의 어깨뼈가 닿는 부위를 편안하게 한다.

PP19 테디베어 의자 1950

제작사 원래는 AP 스톨렌 AP Stolen, 현재는 PP 뫼블러
세부 사양 덮개를 씌운 나무 골조, 나무로 덮은 팔걸이, 노출된 나무다리, 그리고 발 받침대도 함께 출시되었다.

〈테디베어 의자〉는 웨그너가 디자인한 가장 성공적이고 사랑받는 의자다. 한 비평가가 이 의자의 팔 부위가 마치 자신을 껴안으려고 다가오는 커다란 곰의 발바닥을 닮았다고 해서 이런 이름이 붙었다.

팔걸이가 있는 전통적인 의자의 형태를 재해석한 〈테디베어 의자〉는 무엇보다 앉았을 때 매우 편안하며 다양한 자세로 앉을 수 있다. 곰발바닥을 연상시키는 팔걸이의 나무 부분은 기능적인 목적도 있다. 팔 부위 전체를 덮개로 씌울 경우에 쉽게 마모되고 때가 묻을 수 있기 때문이다.

> 우리는 모든 것이 지나치게 심각해지지 않도록 주의를 기울여야 한다. 우리는 즐겨야 한다. 그것도 제대로 즐겨야 한다.
> – 한스 웨그너

Y 의자 1949

제작사 칼 한센&선 Carl Hansen&Son
세부 사양 원래는 티크재였으나 현재는 단풍나무, 물푸레나무, 너도밤나무, 오크나무, 체리나무, 호두나무 등 다양한 나무로 골조를 제작하며 좌석 부위는 종이끈을 활용한다.

작고 가벼우며 우아한 〈Y 의자〉는 형태를 다루는 웨그너의 훌륭한 솜씨를 보여 준다. 의자 뒷다리의 곡선은 반원형의 다리걸이와 쪽매 받침대에도 반영되었다.

Hans Wegner

북유럽 모던 디자이너들과 그들의 작품

PP501/503 라운드 의자 1949

제작사 원래는 요하네스 한센, 1993년 이후로는 PP 뫼블러
세부 사양 원래는 티크재를 바탕으로 나무줄기나 종이끈을 활용해 좌석 부위 제작. 등받이 부위는 나무줄기를 감싸거나 감싸지 않는 형태로도 제작 가능하다. 현재는 오크나무, 물푸레나무, 마호가니, 체리나무 등 다양한 나무로 제작된다.

좋은 의자를 제작하는 데 완성이란 절대로 없다.
- 한스 웨그너

웨그너는 <라운드 의자>라는 평범한 이름을 붙였지만 제작되자마자 높은 평을 받았다. 1950년 당시 미국 잡지 「인테리어스Interiors」 표지에 등장했는데, 여기에서 '세상에서 가장 아름다운 의자'라 칭했다. 10년 후 존 F. 케네디와 리처드 닉슨 대통령 후보 간에 진행된 TV 토론회에도 등장했다. 당시 이 의자의 상징성이 얼마나 대단했느냐 하면, 사람들이 단순히 '그 의자'라고 부를 정도였다.

웨그너는 완벽한 의자 형태를 찾기 위해 끊임없이 노력했으며, 이 의자를 통해 자신의 목표에 거의 근접했다. 끝이 뾰족한 다리는 위로 올라가면서 등과 팔걸이를 따라 이어지는 곡선을 지지하고, 곡선형의 등받이는 몸에 꼭 맞아 떨어진다.

최소한의 재료 사용과 정교한 공예 솜씨, 그리고 정제된 형태 덕분에 시간이 지나도 변치 않는 품질을 유지하며 어떤 각도에서 바라봐도 아름답다. 하나만으로도, 혹은 여러 개를 함께 놓아도 효과적이다. 다른 가구와도 잘 어울리며 뛰어난 호환성을 자랑한다.

황소 의자 1960

제작사 원래는 요하네스 한센, 1985년 이후로는 에리크 외르겐센
세부 사양 천으로 씌운 합판 골조. 크롬 도금한 강철 다리. 발 받침대도 함께 출시되었다.

나무를 사랑한 웨그너에게 〈황소 의자〉는 강철 다리와 거대한 몸집 같은 기존과의 결별을 의미했다. 웨그너가 가장 사랑한 작품으로 알려져 있다. 요하네스 한센이 1960년에 제작을 시작했지만 그로부터 2년 후에 수요 부족으로 생산을 중단했다. 그러다가 1980년대 중반, 대중들이 〈황소 의자〉의 현대성을 수용하면서 다시 생산하게 되었다.
웨그너가 피카소가 그린 황소 그림에 영감을 받아 디자인했는데 다분히 남성성을 풍기며 공격적인 모습을 띠기까지 한다. 역시 다양한 자세로 앉아도 편하다.

PP 589 바 벤치 1953

제작사 원래는 요하네스 한센. 1991년 이후로는 PP 뫼블러
세부 사양 비누 처리한 물푸레나무와 작은 나무 조각들로 된 상부로 이루어진다.

원래 자신의 집 현관에 놓기 위해 디자인했다. 단순하고 야단스럽지 않아 웨그너의 작품이 표명하는 높은 수준의 수공예 솜씨와 잘 맞는다.

타피오 빌칼라

핀란드 디자이너 1915-1985

모든 재료에는 각자의 법칙이 있다. 디자이너는 자신이 사용하는
재료와 조화를 이루는 것을 목표로 삼아야 한다.
— 타피오 빌칼라

합판으로 만든 가구에서부터 정교한 유리 제품까지, 수공예 보석에서부터 가전제품과 지폐까지, 타피오 빌칼라는 거의 모든 재료와 분야에 통달한 디자이너였다. 그는 전형적인 북유럽 디자이너로서 예술, 공예, 디자인 전 분야를 섭렵했으며, 자연과 사미족의 전통 문화에서 큰 영감을 받았다.

빌칼라는 헬싱키 예술 디자인대학에서 조각을 공부한 뒤 1936년에 졸업했다. 1947년, 카이 프랑크와 공동으로 이탈라가 주최한 유리 제품 현상 공모전에 당선된 후에 이탈라에서 프리랜서 디자이너로 일하기 시작했다. 이들의 계약 관계는 빌칼라가 세상을 떠날 때까지 계속되었다.

특히 독창적인 유리 제품으로 유명한데 그중에서도 반투명 유리 제품 시리즈 〈울티마 툴레Ultima Thule〉(1968)는 출시 당시부터 큰 인기를 끌었다.

핀란드 디자인의 대사로 1951년 밀라노 트리엔날레에서 3번 대상을 수상했고, 1954년 밀라노 트리엔날레에서는 3번 이상 대상을 수상했으며 룬닝상도 받았다. 그의 작품은 국제적으로도 널리 전시되고 있다.

타피오 유리 제품 시리즈 1954

제작사 이탈라
세부 사양 몸체 속에 공기 방울이 갇혀 있는 모양이다.

빌칼라는 독창적인 디자이너였다. 티모 사르파네바처럼 다양한 재료의 가능성을 끊임없이 실험했다. 그리고 자신의 작품을 제작하는 장인들과도 긴밀히 협력했다. 유리컵 안에 공기 방울이 갇혀 있는 〈타피오Tapio〉 시리즈는 현재도 생산 중이다.

폴로 꽃병 1970

제작사 로젠달
세부 사양 흰색과 검은색의 다양한 크기로, 자기로 만들어진다.

빌칼라는 로젠달에서 커브 식기류를 비롯해 많은 작품을 제작했다. 가장 사랑받는 제품은 유기적인 형태와 촉감으로 유명한 〈폴로 꽃병Pollo Vase〉이다.

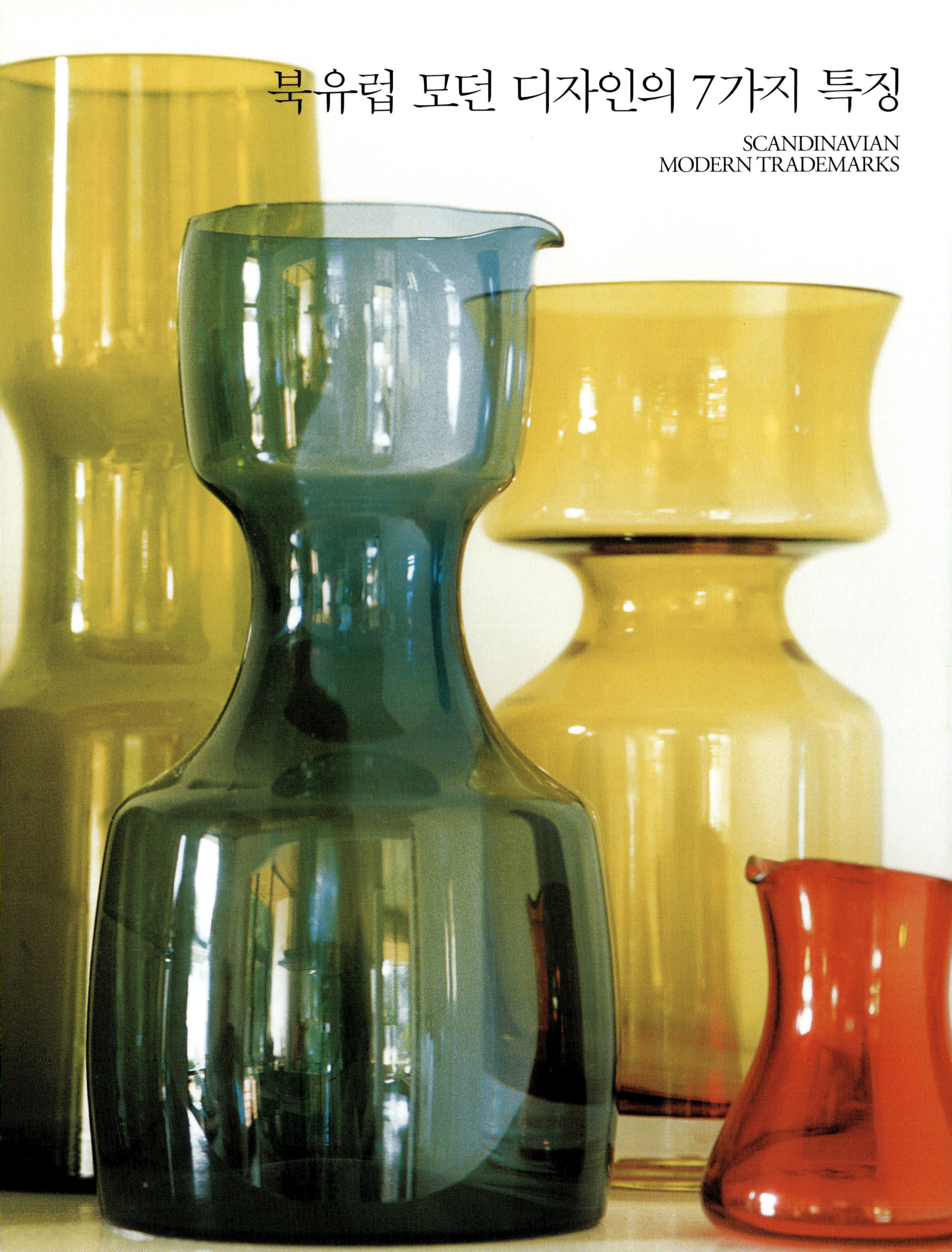

북유럽 모던 디자인의 7가지 특징

SCANDINAVIAN
MODERN TRADEMARKS

위: 빛과 경관을 최대한 활용한 개방적인 배치. 온통 흰색으로 장식한 공간은 빛을 반사시키는 효과가 있다. 대신 선명한 색깔의 쿠션으로 온기를 불어넣었다.

126쪽: 폴 캐야홀름의 집에 놓여 있는 그가 디자인한 〈PK24 긴 의자〉.
127쪽: 북유럽 디자이너들은 유리 제품 제작에 뛰어난 재능을 갖고 있다.

개방적인 주거 공간

북유럽 모던 인테리어의 특징 가운데 하나가 비교적 자유로운 배치다. 주요 거주 공간들을 하나로 합친 다음 빛과 경관을 최대한 활용해 막힘없는 공간을 연출한다. 이러한 배치의 또 다른 효과는 기존의 공식적인 위계질서를 붕괴시키는 것이다. 그것은 방마다 다른 기능을 부여하는 것으로, 근대 이전의 가정, 특히 상류층 가정에서 흔히 볼 수 있었다. 과거에는 업무 공간이 주요 공간과 분리되거나 지하실 혹은 '뒤편 계단'에 위치했다. 거실은 고객을 접대하는 공간이지 거주 공간으로 사용되지 않았다. 하지만 북유럽 모던의 개방적인 평면은 고정적인 배치에서 벗어나 가족 위주의 주거 공간을 지향한다.

북유럽 모던 주택의 개방적인 주거 양식에 해방감을 부여하는 것은 북유럽 모더니즘의 기치인 '기능주의'다. 기능주의는 집을 기능적인 장소로 인식하기 때문에 효율적으로 계획된 공간들이 각기 다른 활동을 현실적으로 수용할 수 있게 한다.

북유럽에서는 새로운 것이 아니다. 전통적인 북유럽 가정, 특히 시골 지역의 가정들은 대개 공동 영역 내에서 다양한 활동을 꾀했다. 모더니즘이 등장한 무렵인 1920-1930년대에 공간을 효율적으로 사용하는 방법에 대한 고민과 바닥 면적을 최대화하고 낭비를 피하기 위한 가구, 부품, 보관함 제작에 관한 전략들은 이미 북유럽 인테리어의 일부였다. 기능주의 양식은 기존의 인테리어 공간을 간소화하는 동시에 개선시켰다고 할 수 있다. 개방적인 배치는 북유럽 디자인에 내재된 민주적인 정신과 완벽하게 맞아떨어진다.

북유럽 디자인은 과시적인 소비나 지나치게 유행을 따르는 것을 꺼린다. 반대로 클래식하고 시간이 지나도 변치 않으며 남녀노소 모두가 편안하게 이용할 수 있는 디자인 제품을 선호한다. 이처럼 오늘날의 유연한 인테리어 공간은 접대, 휴식, 업무, 사적인 공간 사이의 자유로운 흐름을 가능하게 해 주는데, 과거에 깊은 역사

위: 그물을 사용해 최소한으로 가린 개방적인 계단은 상부의 빛을 아래로 흐르게 한다.

를 지닌 공간 계획의 새로운 양상으로 이해할 수 있다.

북유럽을 비롯한 기타 지역들의 개방적인 공간 배치는 제2차 세계대전 이후로 흔해졌다. 전용 식당 공간은 점차 사라졌고 식사 공간은 거실이나 부엌에 흡수되었다. 별도의 식당 공간을 두는 일이 공간 낭비로 여겨지기도 했다.

시대가 변한 것도 한몫했다. 집에 하인을 두는 가정이 사라졌고, 사회적인 추세 역시 격식을 차리지 않는 쪽으로 옮겨 갔을 뿐만 아니라 집이 오락을 위한 공간을 포함하게 되었다.

개방적인 평면은 1970년대 말과 1980년대 초에 등장한 로프트loft 주거 공간에서 절정에 달했다. 초기에 로프트는 사용하지 않는 창고를 비롯한 기타 산업 혹은 상업 건물을 개조한 것으로, 방대하고 탁 트인 복층 공간이었다. 칸막이벽을 최소화해 몇 개의 공간으로 분리하기도 했다. 오늘날 '로프트'로 판매되는 주거 공간의 상당수는 바닥 면적 측면에 제한이 있지만 자유롭게 흐르는 개방적인 평면 배치가 확고히 자리 잡고 있는 추세다.

새 집에서만 나타나는 부분적인 현상이 아니다. 한 세기 전에 지어진 오래된 집들 역시 상당수가 내력벽(건물 무게를 지탱하도록 설계된 벽*)을 제거하여 과거에는 여러 개였던 방을 거실, 식사 공간, 요리 공간이 한데 모인 공간으로 통합시켰다.

개방적인 공간은 유연성을 제공한다. 오늘날의 가정에서 더욱 중요해진 특징이다. 하지만 가장 성공적인 개방 평면은 다른 활동을 위한 공간을 어느 정도 분리한 경우다. 가구 배치처럼 단순한 방법을 이용하기도 하며, 절반 높이나 절반 두께의 칸막이벽이나 혹은 빌트인 수납장 같은 고정적인 가구를 통해 구현하기도 한다. 이 방법은 아늑하고 친밀한 공간과 개방적인 공간이나 공공 공간 간의 적절한 균형을 찾는 데에도 도움을 준다.

공간을 구획하는 불필요한 벽을 제거하고 출입구나 창문 같은 틈새를 늘리는 것은 개방적인 배치를 구현하는 기본 방식이다. 층에 변화를 주는 것도 효과적일 수 있다. 역동적인 복층 공간을 만들어 상부의 빛을 아래로 끌어들이는 것이다. 아르네 야콥센은 1950년, 자신의 집을 설계할 때 천장 일부를 잘라 내어 복층 공간을 만들었다. 이 공간을 길게 늘어뜨린 펜던트 조명과 모빌로 한층 강화시켰다. 이러한 유형의 공간 설계는 북유럽 모던에서 보통 유기적인 디자인 방식을 구현하는 수단이 된다. 난간을 받치는 작은 기둥을 2개 층을 따라 구축함으로써 나무 기둥 같은 자연적인 형태를 연상시키게 하는 것도 수직적인 요소다.

위: 개방적인 배치를 위해서는 각각의 활동 간에 경계를 짓기 위해 먼저 공간을 구획해야 한다. 재료를 변화시켜 구현할 수 있다. 예를 들어 무늬가 있는 마룻바닥 마감재로 부엌 공간을 한정시키는 것이다.

현실적인 부분

개방적인 배치를 위해 실질적으로 고려해야 할 사항들이다. 구체적인 내용은 다음과 같다.

◇ 칸막이벽을 제거하는 것은 어렵지 않다. 하지만 내력벽 제거에는 전문적인 도움이 필요하다. 내력벽을 제거할 경우 하중을 지지하기 위해서는 반드시 보완 요소를 설치해야 한다. 보통 I 형강이 사용되는데, 문제는 대부분 칸막이벽과 내력벽의 구분이 확실치 않다는 것이다. 따라서 먼저 건축가나 측량가의 조언을 얻은 후 작업에 착수해야 하겠다.

◇ 개방적인 배치는 난방이 비효율적일 수도 있다. 개방적인 공간을 실용적이고 효과적인 방식으로 난방을 하는 방법은 온돌식 난방장치를 사용하는 것이다. 특히 유리 면적이 넓어 사용 가능한 벽 면적이 좁을 때 효과적이다. 온돌은 북유럽에서 흔히 볼 수 있는데, 아늑한 장작 난로가 온돌을 보완하는 역할을 한다.

◇ 각각의 활동을 분리하는 훌륭한 구성과 효율적인 공간 계획이 필수다. 그렇지 않을 경우 상충되는 활동이 한데 뒤섞여 자칫 혼란스러운 공간이 될 수 있다.

◇ 온 가족이 모일 수 있는 개방적인 공간과 친밀감과 사생활을 보장해 주는 사적인 공간 사이에서 균형을 맞추는 것이 중요하다.

실내와 실외

현실 세계와의 연계성은 북유럽 모던의 가장 중요한 특징이다. 20세기 초반에 모더니스트들이 기계로부터 영감을 받았다면 두 차례의 세계대전 사이에 등장한 북유럽 모던은 자연에서 영감을 구했다. 가구 디자인에서 보면 금속보다 나무 같은 재료를 사용했고, 사각형이나 엄격한 기하학보다 유기적인 곡선을 선호했다. 건축과 인테리어 디자인에서도 자연 재료와 형태를 사용하며 내부 공간과 외부 공간의 경계를 허물고자 했다. 이것은 오늘날 많은 사람들이 추구하는 지속 가능한 생활과도 일치한다.

가장 기본적인 측면에서 북유럽 모던 인테리어는 재료를 통해 자연과의 연계성을 추구했다. 특히 표면과 마감에 나무를 사용해 따뜻한 분위기를 연출했다. 북유럽 인테리어에서 나무를 빼놓을 수는 없다. 숲이 많아 목재가 풍부하다는 것이 실질적인 이유다.

나무는 바닥, 판자, 건축 자재, 집 자체의 구조와 외장재로도 사용된다. 북유럽 주택에서 자주 사용되는 또 다른 재료는 석재다. 울퉁불퉁한 상태로 사용하거나 가공해서 다듬은 후에 쓴다. 전통적인 시골 건물에서는 투박하거나 토속적인 방식으로 활용되지만 북유럽 모던 인테리어에서는 이 투박함이 회반죽 장식 같은 부드럽고 깨끗한 마감으로 상쇄된다.

북유럽 모던 인테리어의 개방적인 공간 배치와 넓게 트인 부분 역시 공간의 경계를 허무는 데 도움이 된다. 아주 큰 창문(겨울철 열 손실을 방지하기 위해 단열 성능을 높임)과 슬라이딩 도어는 외부 경관을 제공하고, 날씨가 좋을 때 쉽게 밖으로 나갈 수 있도록 해 준다. 또한 내부 칸막이벽을 최소로 사용해 집 내부의 모든 공간이 외부 세계와 쉽게 연결된다.

북유럽 지역은 여름이 짧고 강렬하다. 여름이 되면 사람들은 작은 테라스나 발코니뿐이라도, 최대한 옥외 생활을 많이 하려고 한다. 반면에 겨울에는 눈 때문에 접근이 불가능한 외딴 시골에서 휴식을 취한다. 이들을 위한 별장과 오두막은 아주 간소하게 꾸며져 있다. 편리한 현대 생활에서 벗어나 단순한 삶의 방식으로 돌아가고자 하는 의미가 담겨 있기 때문이다.

북유럽 주택의 기본적인 측면에는 언제나 자연이 존재한다. 아늑한 장작 난로는 긴 겨울밤에 생기를 부여한다. 건열을 이용한 사우나는 단순한 삶으로 회귀하는 산뜻한 방법을 알려 준다.

왼쪽: 목재 데크는 집에서 시작하여 바깥까지 이어진다. 큰 창문이 안과 밖의 경계를 허문다.

133쪽: 집과 부지의 궁극적인 통합. 이 현대적인 집은 말 그대로 험준한 노두(광맥이나 암석 등의 노출부*) 주위에 지어졌다. 경관은 집의 벽과 천장의 부드러운 회반죽 장식과 강렬한 대조를 이루고 있다.

빛과 공기

북유럽 인테리어에서 빛의 중요성을 과소평가해서는 안 된다. 자연광과 이를 보충하고자 사용하는 인공광 모두 중요하다. 놀랄 일도 아니다. 북유럽 국가들은 1년 중 여러 달 동안 일광이 부족하기 때문이다. 게다가 실제로 사용 가능한 빛의 양은 그 절반에 불과하다. 또한 북극권에서 가까워 겨울철에는 태양이 낮은 각도에서 빛을 비춰 빛이 대지 표면에 쌓여 있는 눈에 반사되는가 하면 한여름에는 아예 태양이 지지 않는 백야 현상이 나타난다.

북유럽 인테리어는 모더니즘이 영향을 미치기 한참 전부터 자연광을 최대한 이용하기 위한 장식과 디자인 전략을 활용했으며, 그 상당수가 아직까지 이용되고 있다. 연한 색상의 표면이나 마감, 흰색의 자유로운 사용은 사용 가능한 빛이 한 곳에서 다른 곳으로 흐르는 것을 도와준다.

따라서 북유럽 디자인은 밝은 톤의 나무와 중성적이고 자연적인 배경색을 선호한다. 같은 맥락에서 경관을 반사하고 사용 가능한 빛을 최대한 이용하기 위해 종종 거울을 이용하기도 한다. 오늘날의 북유럽 주택은 칸막이벽을 최소화한 개방적인 배치로 빛이 내부 공간을 관통하도록 함으로써 시간에 따라 색조가 변하는, 역동적이고 활동적인 느낌을 자아낸다.

창문의 크기, 개수, 위치는 내부 공간에 도달하는 자연광의 양에 직접적인 영향을 미친다. 큰 창문, 특히 사람 키보다 큰 창은 최대한 많은 빛을 실내로 끌어들인다. 상층에 난 창문은 더 좋은 빛을 끌어들인다. 바라볼 수 있는 하늘 면적이 더 넓어지기 때문이다. 특히 도심 지역에서 중요한 요소다. 가장 활력을 불어넣는 것은 상부 조명이다. 지붕면에 낸 창문이나 천장에 낸 채광창은 극적인 방식으로 빛을 아래로 흘려보낸다.

북유럽인들의 빛에 대한 갈망과 자연과 최대한 가깝고자 하는 바람 때문에 북유럽 주택에는 큰 창문이 여러 군데 위치한다. 하지만 혹독하고 긴 겨울 탓에 창문은 엄격한 규격에 맞춰 설계하고 제작한다. 그렇지 않으면 내부 에너지가 밖으로 새어 나가기 때문이다.

창문 벽이나 커다란 전망 창을 선호한다면 에너지 효율적인 저低방사 유리와 고성능 창문을 사용하는 편이 바람직하다. 기후 특성을 고려할 때, 가장 에너지 효율적인 창문이 북유럽에서 생산되는 것은 놀라운 일이 아니다. 나무틀에 끼운 2중 혹은 3중 창유리다. 단열 성능을 높이기 위해 창유리 사이의 공간을 아르곤argon으로 채우는 경우도 있다. 판유리 사이에 블라인드를 끼우는 디자인도 있다. 이것은 창문틀 바깥에 위치한 손잡이로도 작동한다.

북유럽인들이 사용하는 '자연'광의 다른 형태로는 장작 난로에 어른거리는 따뜻한 불꽃과 촛불에서 흘러

134쪽: 시시각각으로 변하는 자연광은 인테리어에 활기를 불어넣는다.

위: '빛'은 겨울에는 거의 어둠 속에서 지내야 하는 북유럽 인테리어에서 매우 중요한 요소다.

오른쪽: 광활한 판유리가 사방에서 자연광을 받아들인다. 거대한 펜던트 조명은 식탁 위로 인공조명을 부드럽게 발산시킨다.

나오는 은은한 불빛이 있다. 촛불은 독특한 여운을 주며, 겨울 축제에서도 중요한 역할을 한다. 창턱, 탁자 상단이나 벽난로 위 선반에 여러 개 놓인 초나 불이 켜진 샹들리에는 따뜻한 겨울 분위기를 내기에 제격이다.

북유럽 인테리어에서 빛이 차지하는 중요성을 고려할 때, 어쩌면 북유럽 디자이너들이 조명 디자인에 뛰어난 재능을 보이는 것도 당연하다. 포올 헨닝센이 디자인한 〈PH〉 시리즈나 클린트가 제작한 접이식 종이 갓을 비롯한 유명 제품들은 유기적이고 자연적인 형태로, 특히 백열전구의 눈부심을 분산시키도록 설계되었다.

식탁 위에 걸어 놓으면 식당 공간으로의 은밀한 주목을 유도하는 흥미로운 관심거리가 된다. 작업 조명에서도 이와 같은 조각적이고 활기찬 요소가 존재한다. 아르네 야콥센이 디자인한 〈AJ 조명AJ Light〉이 좋은 예다. 이 조명은 앞으로 상당히 기울어져 있는데, 이처럼 북유럽 조명 디자인은 조명 속에 접근 가능성과 인간적인 따뜻함을 녹여내는 것을 목표로 삼는다.

잘 디자인된 조명을 선택하는 것이 끝이 아니다. 분위기 있는 인테리어를 조성하고 일상적인 기능과 활동을 안전하고 효율적으로 지지하기 위해서는 광원의 개수와 위치 역시 중요하다.

안락한 분위기를 만들기 위한 핵심 전략은 광원 수를 늘리고 눈부심 현상을 피하기 위해 가능한 이를 감추는 것이다. 위쪽으로 향하는 상향 조명은 빛을 벽면과 천장에 반사시켜 광활한 느낌을 주는 한편 방 전체에 전략적으로 설치된 개별 조명은 빛과 그늘이 겹쳐지는 효과를 제공한다.

특정 활동은 추가적인 작업 조명을 필요로 한다. 책상, 부엌 조리대와 같은 집중이 필요한 공간에서 이용하는 조명이다. 천장에 부착된 조명은 특정 부위에 맞게 조정이 가능해 부엌이나 욕실처럼 평면이 고정적인 곳에 유용하다. 훨씬 저低조도를 요하는 곳에서는 좁은 빛줄기를 쏘는 방법이 있다. 도자기나 반짝이는 유리 제품 전시 공간에 제공되는 조명이 그 예다.

137

북유럽 모던 디자인의 7가지 특징

벽과 바닥

북유럽 모던 인테리어에서 벽은 고요한 배경으로 인식되며, 그 자체로는 강한 장식적 요소가 되지 않는다. 다만 흰색이나 기타 연한 색상으로 칠해 사용 가능한 빛을 최대한 이용하는 효과를 꾀한다. 차분한 배경은 강렬한 포인트 컬러를 두드러지게 만드는 효과도 있다. 100% 성공을 보장하지는 않지만 북유럽 인테리어에서 흰색은 대체적으로 만족할 만한 결과를 보여 준다. 겨울에는 눈에서 반사되는 모든 빛을 흡수하며, 여름에는 시원하고 상쾌한 느낌을 준다. 통풍도 우수해 방을 실제보다 넓어 보이게 만들고 가구의 조각적인 성격과 건축 면들 사이의 상호작용에 이목을 집중시킨다.

벽에는 보통 널빤지나 석재 같은 재료 고유의 자연색을 적용한다. 너도밤나무나 자작나무처럼 따뜻하고 밝은 톤의 나무를 선호하며, 석재는 대개 해당 지역에서 나는 화강암을 부드럽게 연마하거나 거친 블록을 그대로 쓴다. 연갈색과 회색의 현무암은 질감이 독특해 애용되는 소재다.

활기찬 북유럽 모던 미학을 유지하기 위해서는 색상 또한 세밀히 고려해야 한다. 무늬만큼이나 중요한 역할을 하기 때문이다. 보통 이 요소들은 러그, 직물, 예술품, 장식품 등에 적용되는데, 가시적인 편안함을 넘어서는 시각적인 편안함도 제공한다.

북유럽 모던 인테리어에서 자주 사용되는 색 조합은 파란색과 흰색의 조합이다. 역사는 19세기로 거슬러 올라간다. 북유럽 양식에서 이 조합은 가정적인 분위기와 우아하고 자연적인 성격을 띤다.

벽 다음으로 표면 면적이 큰 실내 영역은 바닥이다. 바닥은 우리가 공간을 인지하는 방식에 큰 영향을 미친다. 게다가 우리는 끊임없이 바닥과 접촉한다. 바닥이 내는 소리와 바닥에 닿을 때의 느낌은 그것의 외관 이상으로 중요하다. 바닥재는 기본적인 실용성을 고려해 선택해야 한다. 특히 부엌이나 욕실, 복도 같은 작업 공간은 더욱 그러하다.

북유럽 모던 인테리어에서 바닥재는 공간의 흐름을 향상시키고 다른 요소들을 통합하는 역할을 맡는다. 개방적인 평면 배치에서는 더욱 중요하다. 내부 공간이 외부 공간에 통합될 경우에 내부 바닥재를 외부 포장재, 또는 갑판과 재료는 다를지라도 비슷한 색조로 구현하면 동일한 효과를 누릴 수 있다.

선호되는 재료는 나무, 타일, 석재다. 이 재료들은 형식과 사용 방식에 따라 미묘한 리듬을 제공한다. 견목은 가늘게 조각내거나 넓은 판자나 기하학적인 쪽모이(여러 조각을 모아 큰 한 조각을 만드는 것*) 세공으로 깔 수 있다. 나무 바닥재를 대각선으로 깔면 방이 더 커 보인다. 타일과 석재는 다양한 크기로 출시되는데, 균일 격자, 엇갈린 배열 혹은 임의적인 배열로 자유롭게 설치 가능하다. 아르네 야콥센의 경우 자신의 집 바닥 전체에 과감한 격자무늬로 도자기 타일을 깔았다.

바닥 전체에 카펫을 까는 경우는 드물다. 선명한 색상의 러그로 폭신함과 가구 배치를 위한 시각적인 중심점을 제공한다.

138쪽: 재료가 지닌 특유한 편안함이 잘 드러난다. 따뜻한 나무 피복 천장은 은은한 널빤지의 민무늬 회벽과 대조를 이룬다. 한쪽 벽면의 화려한 벽지는 장식적인 요소를 제공한다.

위: 북유럽 인테리어에서 나무는 빼놓을 수 없는 요소다. 아늑한 플러시flush 패널을 벽을 피복하는 데 사용했다.

가구

북유럽 모던의 진수는 이 양식의 전성기에 등장한 독특한 '가구류'로, 그 상당수가 오늘날에도 생산된다. 르 코르뷔지에의 긴 의자나 그가 샬로트 페리앙과 함께 만든 〈그랑 콩포르 의자Grand Confort Chair〉, 미스 반 데어 로에의 상징적인 〈바르셀로나 의자〉나 마르셀 브로이어의 〈체스카 의자Cesca Chair〉 등은 강철 파이프와 가죽으로 기계 시대를 과감하게 표현했지만 북유럽 모던 가구는 대부분이 나무에 직물을 덧대 제작함으로써 따뜻함과 생동감을 부여했다. 자작나무나 너도밤나무, 소나무, 수입 열대 경목재가 이용되었다. 특히 티크는 빠지지 않고 등장한다.

나무는 여러 면에서 북유럽 디자이너들이 자연스럽게 선택했던 재료다. 우선 쉽게 구할 수 있다. 북유럽은 나무를 가공하는 훌륭한 공예 전통의 역사가 깊다. 북유럽 모던을 추구하는 디자이너들, 특히 덴마크 디자이너들은 독창적인 접합 기술을 개발하여 등받이와 팔걸이 부위를 다리와 분리시킬 수 있었다. 덕분에 우아하고 단순한 형태 속에 지지 골조가 그대로 드러났고, 이것이 모더니즘 사조에 맞아떨어졌다.

북유럽 가구 디자이너들은 초기 모더니스트들의 사조였던 '형태는 기능을 따른다'는 슬로건을 고수하기는 했지만 본능적으로 기능의 의미를 확대시켰다. 작품의 매력을 높이고 북유럽 양식의 세계적인 성공을 보장하는 무형적이고 인간적인 특징을 포함시킨 것이다.

북유럽 공예와 디자인에서 현실성과 목적의 적합성

140쪽: 아르네 야콥센의 〈시리즈 7 의자〉는 그의 성공작들 중 하나다. 여러 개를 식탁 의자로 사용했다.

아래: 야콥센의 〈그랑프리 의자〉로 십자형의 등받이가 돋보인다.

은 언제나 중시되었으며, 북유럽 모던은 목적에 부합하는 것을 당연한 항목으로 여겼다. 하지만 특정 디자인의 접근 가능성을 높이기 위해 실용성을 추구하더라도 가구의 사용 주체는 인간이라는 점은 잊지 않았다.

모더니스트들이 디자인한 많은 의자가 조각적인 성격을 지녔기에 일부는 지나치게 불편하거나 한 자세로 앉아야만 편하다. 반면 북유럽 모던 가구는 인체의 다양한 자세를 전부 수용한다. 그러나 사용자에게 어떻게 앉으라고 명령하지 않는다. 그렇다고 해서 모더니스트의 이상을 희석시킨다는 의미는 아니다. 오히려 모더니스트의 명료한 사상을 곡선과 유연한 형태를 통해 구현되는 자연적인 감성과 결합시킨다.

20세기 중반에 북유럽에서 큰 인기를 끈 또 다른 주요 경향은 모듈식 가구다. 바우하우스에서 처음 시작된 것으로, 바우하우스에서는 표준적인 디자인이 모두에게 저렴하고 기능적인 가구를 제공할 수 있는 해결책이라 여겼

다. 1920년대에 들어 르 코르뷔지에와 샬로트 페리앙이 표준화 개념을 한층 발전시켰다.

르 코르뷔지에의 모더니스트 인테리어는 빌트인 가구, 모듈식 장식장과 '조립식 가구'에 초점이 맞추어져 있다. 조립식 가구는 식탁과 의자 등 가구의 정수만 빼낸 형태였다. 예를 들어 그의 단순하고 가벼운 금속 골조 식탁은 필요에 따라 다양한 조합으로 놓을 수 있었고, 각기 다른 용도를 위해 형태를 특징짓는 기존 전통에서 벗어났다. 물론 그의 모듈식 수납장이나 칸막이 선반 역시 독창적이었다. 이 가구들은 당시 사무실 가구와 이노베이션 트렁크에 영향을 받았다. 역시 다양한 조합으로 놓을 수 있었고, 공간을 분리하는 용도로도 사용되었다.

북유럽에서 모듈식 가구와 수납 시스템은 공간을 절약하고 실내 공간을 유연하게 사용하기 위한 인기 있는 해결책이 되었다. 책상과 문이 달린 수납장을 수용할 수 있도록 조정 가능한 개방적인 선반 시스템은 북유럽 모던 수납 방식의 일부가 되었다. 주요 예로는 니세 스트리닝Nisse Strinning이 1949년에 디자인한 〈스트링 선반 시스템String Shelving System〉이 있다. 온갖 잡동사니를 넣을 수 있는 벽에 부착하는 다목적 선반으로, 비슷한 예로 여가 활동 시 더 많은 공간을 확보할 수 있는 확장식 테이블 같은 유연한 디자인과 다양한 배열이 가능한 모듈식 좌석도 들 수 있다.

알바 알토가 1932년에 디자인한 스툴은 르 코르뷔지에가 구상한 '조립식 가구'의 정수라 하겠다. 이 단순한 스툴은 기본적으로는 의자이지만 침대 옆에 놓는 탁자로 사용할 수 있고 또 쌓아 올릴 수도 있다. 지금도 세련된 느낌을 준다.

모듈식 디자인으로 특히 유명한 또 다른 북유럽 디자이너로는 덴마크 건축가 요른 웃손이 있다. 시드니 오페라 하우스의 설계자로 더 유명한 그는 1960년대 중반에 프리츠 한센에서 모듈식 가구를 디자인했다. 〈플로팅 독〉 시리즈의 식탁과 의자는 삼각 단면의 알루미늄 연동 장치로 제작되었다.

빌트인 수납 또한 북유럽 주택의 특징이 되어 왔다. 기능주의 디자이너들은 내부 공간을 기능적인 다목적 공간으로 간소화하기 위해 일반적인 주택 설계 사례에 의존했으며, 이용 가능한 자원과 공간을 최대한 활용하

위: 핀란드 디자이너 토머스 샌델Thomas Sandell은 1993년, 〈눈Snow〉 장식 수납 시스템을 디자인했다. 그는 이케아와 함께 〈PS〉 시리즈에 착수한 디자이너들 중 한 명이다. 침대 위에 놓인 담요는 스웨덴 디자이너 피아 발렌이 디자인한 〈크로스 담요Cross Blanket〉다. 수납장과 담요 모두 북유럽 모던의 대표적인 작품이다.

기 위해 가구를 최대한 효율적으로 구성했다. 이를 위해 벽장과 수납장을 건축 계획에 포함시켜 일상 용품과 기본적인 가재도구가 눈에 띄지 않도록 했다.

북유럽 모던 인테리어는 수평적인 요소를 강조한다. 가구들은 낮고 가벼우며 전통적인 디자인 제품보다 작다. 이는 전쟁이 끝난 다음에 실용성을 추구하는 소비자들에게 매력적으로 다가왔다. 부모 세대와 비교해 자유롭게 사용 가능한 공간이 적었기 때문이다. 많은 가구가 현장에서 조립할 수 있도록 디자인되었고, 이러한 추세는 이케아에 의해 널리 퍼졌다.

가구 배치는 단차나 개방적인 평면 배치, 빌트인 수납 등과 더불어 각 활동별 공간을 규정짓는 중요한 수단이다. 식당 공간은 식탁과 의자로 구성되고 거실은 의자나 낮은 테이블을 두어 영역을 표시했다.

북유럽 모던 가구는 함께 놓일 때 더욱 자연스러워 보인다. 지나치게 각지지 않았기 때문에 어느 것과도 편안하게 잘 어울린다. 또한 많은 가구, 특히 의자의 매력적인 '성격' 덕분에 이 가구들이 놓인 방은 사람이 없어도 활기찬 분위기를 풍긴다.

왼쪽: 깔끔한 통합 수납장은 오랫동안 북유럽 인테리어의 특징이었다. 지붕 경사면 아래 공간은 계단 모양 벽장으로도 활용 가능하다.

왼쪽: 아담한 부엌에 놓인 스테인리스강 냉장고 위의 자투리 공간 역시 식품 저장 공간으로 사용할 수 있다.

직물

위: 직물은 북유럽 인테리어에 물리적이고 감정적이며 시각적인 온기 외에도 편안함과 촉감을 불어넣는다.

북유럽 모던 인테리어에서 벽걸이, 러그, 담요, 덮개 등의 모든 직물은 색상, 무늬, 따뜻함을 표현하는 수단이다. 직물 디자인은 모더니즘 개념과 자연적인 영감이 혼합된, 전통과 현대의 공통 영역이라 하겠다.

북유럽의 직물 제작 전통은 길고도 깊다. 상당수가 가정에서 만들어졌으며, 직조 기술과 러그 제작 기술이 수 세대에 걸쳐 전해 내려오고 있다. 과거에는 질 좋은 방적사가 부족했고, 손으로 짠 리넨이나 모직물이 실크 제품보다 흔했다.

핀란드산 융단도 그렇다. 이것은 초창기의 북유럽 모던과 깊은 연관이 있다. 융단은 말 그대로 '털'을 의미한다. 전통적으로 안감에 사용되었으며, 융단의 긴 가닥을 남겨 털 부위를 만들었다. 감기 예방은 북유럽인들의 주된 관심사였기에 융단을 피부에 닿게 해서 썰매 내부 깔개나 침구류에 사용했다. 나중에는 결혼식 선물로도 사용되었으며, 선물을 받으면 벽에 걸어 두었다.

누더기로 만든 러그나 양탄자처럼 집에서 만든 깔개 역시 오랫동안 북유럽 인테리어의 특징이 되어 왔다. 보통 허전한 마룻바닥에 놓았는데, 생동감 있는 무늬의 깔개가 집 안에 활기를 주었기 때문이다. 오늘날에도 이와 비슷한 카펫이나 깔개 디자인을 많이 볼 수 있다. 북유럽 양식에 잘 어울리고 상당히 경제적이다. 북유럽 모던 인테리어에서 일종의 초점과도 같은 역할을 하는 깔개는 편안한 느낌을 제공하며 가구 배치를 위한 시각적인 중심점 역할도 한다. 입체감 부여에도 기여한다.

많은 북유럽 모던 가구가 덮개로 마무리되는데, 보통은 단색 모직을 사용한다. 아르네 야콥센이 만든 의자의 경우, 의자 모양에 딱 맞는 양모 덮개가 의자의 유기적인 곡선을 한층 돋보이게 한다. 편안하게 딱 맞는 직물을 제작하는 것은 쉽지 않은 일이다. 천을 굵게 짜서 질감을 높이고 실용적인 측면에서는 뛰어난 내구성을 구현하기도 한다.

처음 북유럽 모던 디자인이 전 세계에 선보인 1950년대에, 덴마크 직물 디자이너 겸 예술가인 리스 알만의 작품이 큰 주목을 받았다. 그녀의 단순하고 기하학적인 디자인과 추상적이고 유기적인 디자인은 자연적인 색상으로 표현되어 큰 인기를 구가했다.

국제적으로 성공을 거둔 또 다른 사례로는 핀란드 직물 회사인 마리메코가 있다. 마리메코는 전후 핀란드의 직물과 의류 부족 문제를 해결하고자 1951년에 헬싱키에서 문을 열었다. 초창기에는 어려움을 겪었지만 1958년 브뤼셀 세계박람회에서 높은 평가를 받은 후부터 입지를 굳히기 시작했다.

당시 마리메코의 유명 디자이너로는 마이야 이솔라, 부오코 에스콜린, 아니카 리말라Annika Rimala가 있다. 그들이 디자인한 무늬는 과감하고 화사한 색상에 생기가 넘쳤으며, 의류는 강렬하고 단순한 형태에 100% 면으로 생산되었다. 재키 케네디가 남편의 대통령 선거 운동 때 마리메코의 드레스를 입어 인기가 크게 치솟기도 했다. 오늘날 마리메코의 직물은 부드러운 실내장식품에 사용되거나 벽걸이 장식으로 활용된다.

위: 마리메코의 〈우니코〉는 화려한 색상으로 침실을 화사하게 밝혀 준다.

세부 사항

북유럽 모던은 전체적인 조화를 추구하면서도 세부 사항을 희생하지 않는다. 일상에서 쓰는 소품에도 똑같은 관심을 기울인다. 여기서 소품이란 유리 제품, 식기류, 요리 그릇, 얼음 통 같은 우리가 매일 사용하는 제품들을 말한다. 때문에 북유럽 모던 애호가들은 집의 아주 세세한 부분까지 북유럽 모던 스타일로 꾸밀 수 있다는 사실에 만족감을 느낀다.

북유럽 모던 양식의 장식품과 일상 용품 모두 조각적인 형태와 기본적인 실용성 사이의 조화를 추구한다. 당연하다. 기능주의 양식이 유용성과 경제성에 초점을 맞추고 간소화된 형태를 추구했다면 유리와 도자기, 금속을 활용하는 장인들은 그러한 재료를 예술의 경지까지 끌어올리는 전통에 더 많이 의존한다. 그리고 북유럽 모던은 이 두 가지 방식의 조화를 꾀한다.

북유럽 모던의 또 다른 특징은 다양한 재료의 진가를 본능적으로 파악하고 각 재료만의 독특한 특징을 잘 활용한다는 것이다. 각 재료의 성질(유리는 여리고 부서지기 쉬우며 도자기는 상당히 감각적이다)을 최대한 활용해 제품 속에서 그 진수를 정확히 담아낸다. 북유럽의 오랜 공예 전통을 통해 축적된 표현력 덕분이다.

한편 북유럽 모던 디자이너 상당수가 다양한 재료를 활용한다. 예를 들어 도자기 디자인으로 유명한 디자이너일지라도 유리 제품을 제작할 수 있으며, 금속 제품으로 유명한 디자이너도 도자기를 디자인할 수 있는 것이다.

유리 제품 역시 북유럽 디자이너와 예술가들이 뛰어난 재능을 지닌 분야다. 스벤 팔름크비스트가 스웨덴 기업 오레포스에서 제작한 유리 제품이나 페르 루트켄이 덴마크 유리 제작사인 홀메가르드에서 디자인한 간결한 형태의 유리 제품이 그 예다. 핀란드 유리 제품은 1950년대에 타피오 빌칼라와 티모 사르파네바 같은 디자이너의 작품으로 국제적으로 큰 찬사를 받았다.

아이노 알토의 물결치는 모양의 텀블러와 유리 제품 같은 핀란드 유리 제품 상당수가 1932년에 디자인되었다. 그 후 이 제품들은 현대 디자인의 전형이 되면서 아직까지도 이탈라에서 생산되고 있다.

압착 유리로 제작된 〈웨이브 뷰〉 시리즈는 훗날 '알토'라는 새로운 이름으로 불리었는데, 제작 과정의 결함을 감추기 위해 표면을 의도적으로 골이 지게 디자인했다. 이 시리즈는 실용적인 유리 제품인 동시에 각 제품의 감촉과 견고함 덕분에 사용하는 데서 오는 즐거움도 선사한다. 아이노의 남편 알바 알토가 4년 후에 디자인한 꽃병 역시 물결 모양의 유기적인 곡선이 마치 파도를 연상시킨다.

북유럽 도자기에도 실용성과 예술적인 면이 혼합되어 있다. 스웨덴 도자기 회사인 구스타브스베리에서 빌헬름 코게의 뒤를 이은 스티그 린드버그는 북유럽 모던이 전후 기간에 취한 방향을 전형적으로 보여 주는 비대칭적이고 유기적인 형태를 선보였다. 그는 찻주전자나 꽃병 같은 여러 가지 가정용품에서 자연이나 민속공예로부터 가져온 무늬를 활용했다.

금속 제품의 경우 죠지 젠슨이 설립한 덴마크 회사가 가장 유명하다. 이 회사가 제작한 제품의 상당수는 순은으로 만든 장신구지만 식기류나 주전자, 음식 차림용 접시 등의 스테인리스강으로 만든 것들도 있다. 죠지 젠슨과 오랫동안 협력 관계를 유지한 헨닝 코펠Henning Koppel은 보석과 그릇, 식기류와 접시에서 조각적이고 유기적인 형태를 완벽하게 구현했다.

전쟁이 끝난 후에 덴스크는 북유럽 양식의 가정용품을 제작하고 판매했다. 덴스크는 1954년에 옌스 크비스트고르와 미국 기업가인 테드 니렌버그가 설립한 회사로, 크비스트고르는 과거에 죠지 젠슨 밑에서 공부한 적이 있었다. 크비스트고르는 30년 동안 이 회사를 공동 운영하면서 대부분의 제품을 디자인했다.

일상 용품 디자이너인 크비스트고르는 재료 고유의 성질을 본능적으로 파악해 유기적인 형태를 구현한 것으로 유명하다. 그의 작품 가운데 가장 잘 알려져 있고 또 인기 있는 제품의 상당수(얼음 통, 샐러드 볼, 후추 빻는 기구 등)는 나무, 특히 티크로 제작되었지만 법랑이나 주철 같은 다양한 재료를 활용해 취사도구, 촛대, 식기류를 디자인하기도 했다. 전통적인 공예 기법과 형태를 유기적이고 조각적인 디자인 방식과 결합시킨 그의 작품들은 대

146쪽: 북유럽 모던의 일상 제품들은 기능적인 동시에 조각적인 성격을 지녀 전시품으로의 가치도 높다.

아래: 북유럽 가정에서 장작 난로나 벽난로는 인테리어의 포인트가 된다.

위: 북유럽 디자이너들은 대량 생산 제품만이 아니라 세상에 단 하나밖에 없는 특별한 예술품을 제작했다.

량으로 생산되고 있음에도 인간적인 특징을 지닌다.

북유럽 모던 디자이너들이 제작한 디자인 제품들은 통합적인 생활 방식을 보여 준다. 아르네 야콥센의 작품에서 이를 가장 잘 찾아볼 수 있다. 그는 건물이나 가구뿐 아니라 조명, 식기류, 수도꼭지, 욕실 용품 등도 디자인했다. 그가 1956년에 디자인한 〈AJ 문손잡이AJ Door Handle〉는 무광 황동이나 솔질한 강철로 제작된 집는 손잡이로 비행기 프로펠러를 연상시킨다.

이러한 세부 사항들은 북유럽 모던의 인간적인 면을 드러낸다. 미니멀리즘은 '간결한 것이 더 아름답다'는 모더니스트들의 사조를 한층 확대시켰는데, 북유럽 모던 역시 이 사조를 꾸준히 고수해 왔다. 미니멀한 인테리어에서 기본적인 형태로 환원된 단순한 제품들은 오히려 이목을 집중시킨다.

북유럽 모던에는 화려하지는 않지만 눈을 즐겁게 만드는 요소가 있다. 아름다운 색상으로 반짝거리는 유리 제품의 투명성, 금속이나 도자기가 지닌 물결 모양의 유기적인 형태와 미묘한 무늬에는 재치와 매력이 담겨 있다.

위: 핀란드 디자이너인 카이 프랑크가 선보인 화려한 색상의 유리컵은 북유럽의 미학이 일상 용품에 영원한 아름다움을 부여한 좋은 예다.

북유럽 모던 디자인으로
홈 인테리어하기

SCANDINAVIAN MODERN TODAY

아래: 사각형 증축 부분은 코르틴 강으로 피복했다. 시간이 지나면 주택 옆에 위치한 삼나무와 같은 색으로 변할 것이다.

뉴욕 전원주택 증축

브라이언 메사나와 토비 오로케의 집
(뉴욕 주 콜롬비아 카운티)

New York Cottage Addition

뉴욕 북부에 위치한 네덜란드 정착인들의 거주지는 1730년대에 지어진 이후 오랫동안 방치되었다. 새로운 주인이 이 집을 매입하면서 기존에 설치되어 있던 칸막이들을 제거해 집의 기본 형태를 노출시켰는데, 어린아이의 그림처럼 순수하고 간결하다. 도끼로 잘라 낸 커다란 목재로 만든 라멘Rahmen 구조(기둥, 보, 바닥 슬래브의 3자를 기본 요소로 하여 이들을 서로 강접합으로 연결시킨 구조*), 넓은 바닥재, 자연석을 깐 지하실의 초벽 등 원래 건물 모습은 유지했다.

옛 것과 새로운 것

이 전원주택은 원래의 형식을 그대로 살리는 한편 현대적인 거주 공간을 제공하는 방식으로 개조되었다. 스파르타식 거주 방식을 추구했던 초기 정착자들의 정신력에서 영감을 받아 선명하고 단순한 선을 구현하고자 했다. 이 지역에서 흔히 볼 수 있는 이동식 주택을 연상시키는 사각 형태의 증축 부분은 본채를 보완하는 역할을 한다. 외벽 마감재는 코르틴 강corten steel 피복으로, 시간이 지나면 주택 옆에 위치한 커다란 삼나무와 같은 톤으로 변할 것이다. 주요 거주 공간은 본채에 위치한다. 2층에는 방 두 개와 욕실이, 1층에는 거실과 식당이 위치한다. 이들은 벽을 관통하는 벽난로로 분리된다. 증축 부분에는 부엌, 게스트룸, 샤워 시설이 있다.

재료의 특징

인테리어 마감재의 톤을 통일해 본채와 증축 부분을 통합시켰다. 먼저 기본 바닥재의 1/3만 남긴 후에 새로운 재료를 찾았지만 사용할 만한 것이 없었다. 그러던 중 지역 골동품 가게에서 130㎡ 넓이의 18세기산 파란색 바닥재를 발견했다. 철거된 집에서 가져온 것이었다. 이 바닥재를 본채에 깔고 증축 부분에는 석회암을 깔았다. 석회암은 난로 근처에도 사용되었다. 다른 재료로는 회반죽, 기름나무와 스테인리스강이 있다.

아래: 증축한 공간에 위치한 부엌에는 미국산 호두나무로 둘러싼 스테인리스강 설비가 놓여 있다. 바닥에는 석회암을 깔았다.

아래: 식탁 옆에 한스 웨그너의 〈Y 의자〉가 놓여 있다. 식탁은 가대 위에 단풍나무 판자를 올려 만들었다.

자연환경

창문은 전통적인 내리닫이창이지만 증축 부분은 커다란 2중 단열 유리를 사용했다. 덕분에 내부와 외부 공간이 한데 어우러지고, 창을 통해 주위에 있는 사과 과수원을 내다볼 수 있다. 가구는 클래식하고 현대적인 작품과 이 지역에서 생산되는 유일무이한 제품을 함께 사용해 전체적인 특징인 자연과 전통, 현대성을 적절하게 조화시켰다.

위: 벽을 관통하는 벽난로가 거실과 식당 공간을 분리시킨다. 거실에는 편안한 모듈식 소파를 놓았다.
155쪽: 안방에는 웨그너의 〈CH25 안락의자CH25 Armchair〉를 놓았다. 깨끗하고 현대적인 선과 뛰어난 공예 솜씨, 아름다운 나무가 조화를 이룬다.
156-157쪽: 침실 바닥에는 석회암을 깔았다.

아래: 여름 별장을 개조하면서 전망 창을 크게 설치했다.

덴마크 여름 별장
코펜하겐에 있는 카스페르 펠트의 집

Danish Summer House

무대 디자이너인 카스페르 펠트는 코펜하겐 북부 해안에 위치한 오래된 여름 별장을 개조해 자연과 조화를 이루며 경쾌하고 바람이 잘 통하는 독창적인 공간을 만들었다. 그는 6개월에 걸쳐 이 집을 빛으로 가득 찬 건물로 변신시켰으며, 현대적인 가구와 제품을 전시했다.

시작

주변의 시골 지역과의 연계성을 위해 가능한 개방적인 공간을 만드는 것이 그의 목표였다. 이 여름 별장이 바다와 근접해 있기 때문이다. 펠트는 공간을 구획하던 불필요한 내벽을 철거하고, 두 개의 벽을 따라 거대한 전망 창을 설치했다. 바닥에서 천장까지 이어지는 창문은 180도 회전이 가능해 실내와 실외가 자연스럽게 연결되며, 신선한 바람이 들어와 자연 환기도 가능하다. 거실과 식당을 통합한 개방적인 평면 내부에는 소규모 부엌이 위치하는데, 작은 가벽으로 주 공간과 구

아래: 넓은 갑판과 식탁은 옥외 생활과 옥외 공간에서의 식사 기회를 선사한다.

위: 전망 창의 각 구간은 180도로 회전된다. 덕분에 집 내부와 정원이 매끄럽게 연결되며, 자연 환기도 가능하다. 침대 커버와 쿠션은 인도에서 구입했고, 순록 가죽으로 만든 러그는 아이슬란드에서 가져왔다.

아래: 펠트가 다시 디자인해서 매입한 벽난로가 돋보인다. 부엌은 주거 및 식당 공간과 최소한의 가벽으로 분리되며, 두 개의 설비 시설로 이루어진다. 조리 공간은 검은색 광택 콘크리트로 마감했다.

별된다. 펠트는 벽난로를 다시 디자인해 아예 벽에 매입시켰다. 커다란 갑판 테라스 덕분에 주거 공간은 정원까지 아우른다.

자연적인 색상

실내의 모든 공간에서 녹음으로 가득 찬 주위 풍경을 내다볼 수 있다. 경치를 최대한 활용하고자 의도적으로 장식적인 색상을 자제했다. 자연광을 최대한 활용하기 위해 내부는 온통 흰색으로 칠했다. 가구와 소품의 검은색과 갈색은 내부의 흰색과 선명한 대조를 이루며 창 밖의 청록색까지 어우러져 세련된 느낌을 준다.

현대적인 가구

자연 경관을 활용하기 위해 색 사용을 자제한 실내는 20세기 중반에 제작된 다양한 가구를 배치하기 위한 완벽한 배경이 된다. 대부분은 펠트가 벼룩시장이나 기타 골동품 시장에서 헐값으로 구입한 것들이다. 펠트가 디자인한 식탁 주위에 놓은 아르네 야콥센이 디자인한 〈그랑프리 의자Grand Prix Chair〉(현재는 생산이 중단됨)가 대표적이다. 페터 호비트가 디자인하고 프리츠 한센이 제작한(현재는 생산이 중단됨) 〈AX 의자〉도 있다. 상단이 흰색 합판으로 된 중고 커피 테이블 주위에 여러 개 두었다.

162쪽: 펠트가 직접 디자인한 식탁 주위로 아르네 야콥센의 빈티지 의자가 놓여 있다. 커다란 펜던트 조명 〈라운드 분Round Boon〉은 네덜란드 디자이너 피에트 분의 작품이다.

오른쪽: 침실에는 검은색과 흰색을 주로 사용했다. 집 전체에 빈티지 가구와 현대적인 가구를 나란히 배치했다.

위: 뵈르게 모겐센이 디자인한 침대 겸용 소파가 비올라 그로스텐이 1950년대에 디자인한 리넨 벽걸이 장식 아래 있다. 왼쪽에 보이는 수납장은 스웨덴 디자인 제품이다.

스웨덴 아파트

칼스크로나에 있는
마그누스 스텐스트룀의 집

Swedish Apartment

취미로 시작한 일이 직업이 되었다. 스웨덴 남부, 발트해에 가까이 있는 도시 칼스크로나Karlskrona에 '무브먼트 레트로 디자인'이라는 매장을 연 것이다. 어느덧 10년이 훌쩍 넘었다. 마그누스는 스톡홀름에서 일했을 때부터 북유럽 모던 디자인 제품에 열광했다. 그가 일했던 고급 레스토랑들 상당수가 찰스 임스나 레이 임스, 핀란드계 미국 건축가인 에로 사리넨 같은 유명 디자이너들의 클래식 제품을 갖추고 있어 자연스럽게 매료되었다. 이후부터 그는 1950년대 덴마크 가구 디자인에 깊은 흥미가 생겼다. 특히 한스 웨그너, 핀 율, 뵈르게 모겐센의 작품을 좋아하는데, 작가들의 훌륭한 공예 솜씨, 작품들의 조각적인 형태와 깨끗하고 현대적인 선을 높이 평가한다. 칼스크로나에 위치한 그의 아파트에 마그누스가 수집한 북유럽 모던 디자이너들의 제품들이 전시되어 있다. 거의 뵈르게 모겐센의 작품들로 대다수가 오크나무로 제작되었다.

복구 작업

마그누스가 판매하거나 집에 놓은 가구들은 대개 덴마크에서 가져온 것들이다. 덴마크의 훌륭한 공예 솜씨는 워낙에 유명했지만 안타깝게도 그가 발견했을 당시에 상태가 모두 바람직하지는 않았다. 때문에 오크나무에 왁스칠을 하는 등 직접 가구를 수리하기도 했고, 전문 목수의 손에 맡기기도 했다. 하지만 복구 작업을 지나치게 많이 하지 않도록 주의를 기울였다. 가구마다 각자만의 역사와 독창성이 담겨 있다고 믿기 때문이다. 거실에는 모겐센이 디자인한 침대 겸용 소파가 있고, 그 뒤로 스웨덴 직물 디자이너 비올라 그로스텐Viola Gråsten이 디자인한 리넨 벽걸이 장식이 걸려 있다. 그로스텐은 아스트리드 삼페와 동시대 인물로, 삼페가 1950년대 중반에 스톡홀름 NK 백화점에서 처음 선보인 '서

위: 옌스 크비스트고르가 디자인한 그릇이 오크나무 장식장 상단에 놓여 있다.

왼쪽: 모겐센의 초창기 작품으로 1940년대에 제작되었다.

명된 직물' 시리즈 제작에도 기여했다. 오크나무로 만든 장식장은 매우 드문 스웨덴 작품이다. 상단에 옌스 크비스트고르가 디자인한 티크 그릇이 놓여 있다. 거실 반대편에는 낮은 궤를 두었는데, 1940년대에 제작된 것으로 한때는 덴마크의 유명 배우가 소유했다. 벽에는 접이식 의자도 있다.

조화

이 집의 가구들은 조화를 이룬다. 한 명의 디자이너가 특정 기간에 한 가지 재료로 제작했기 때문이다. 한편 흰색 무지 벽과 오크나무 쪽모이 세공 마룻바닥 덕분에 자연스럽게 가구의 단순하고 선명한 선으로 시선이 간다. 역시 뵈르게 모겐센이 디자인한 장식장 위에 놓인 1940년대산 시계를 비롯하여 도자기 등의 장식품들은 덴마크 제품이다.

위: 장식장과 책상도 모겐센의 작품이고 1940년대에 제작된 시계와 도자기 역시 덴마크 제품이다.

167쪽: 마그누스의 매장에서 판매하는 가구들 중에는 아르네 야콥센이 디자인한 〈시리즈 7 의자〉와 룩서스가 제작한 거울도 있다.

아래의 왼쪽: 집의 외관.
아래의 오른쪽: 벼룩시장에서 발견한 보너럽의 펜던트 조명이 거실에 걸려 있다. 거실은 이케아로 꾸몄고, 바닥은 오크나무 쪽모이 세공으로 마감했다.

런던 타운하우스

루이스 뭉크와
자일스 마틴의 집

London Townhouse

빅토리아 시대 말기에 지어진 이 집은 런던 북부에 있다. 소유자는 두 명의 건축가인데 남편은 영국인, 부인은 덴마크인으로 베를린에서 작업을 하던 중에 만났다. 부부가 이 집을 구매할 당시에는 집 상태가 썩 좋지 않았기 때문에 상당한 작업이 필요했다. 반면 예산은 한정되어 있었기에 가능한 자원을 최대한 활용해야 했다. 때문에 꼼꼼한 작업이 필요했다.

공간과 빛

원하는 공간감을 연출하기 위해 많은 개조가 필요했다. 우선 두 개의 응접실 사이에 존재하던 벽을 철거하여 가족이 이용할 수 있는 편안한 거실을 만들었다. 기존의 부엌은 너무 좁고 낮아서 제대로 서 있을 수도 없었기에 완전히 다시 지어 확장하기로 했다. 충분한 높이를 확보하기 위해 바닥을 더 파는 방법을 택했다. 또 유리창을 끼운 문을 세 개 설치해 내부 공간을 외부 공간과 통합시켰다. 이에 반해 2층 욕실은 상당히 넓었고 보일러와 벽장까지 갖추고 있었다. 부부는 이 공간을 보일러가 놓인 작은 화장실과 메인 욕실로 나누었다. 메인 욕실 바닥 타일은 발코니까지 이어진다. 보이지 않는 공간에도 신경을 쓴 것이다. 집 전체에 재료와 마감재를 반복적으로 사용한 것 역시 주요 전략이다. 거실 바닥은 오크나무 쪽모이 세공으로 마감하고 식탁에는 오크 베니어판을 깔았으며, 부엌 조리대에도 견고한 오크나무를 사용했다. 부엌에 사용한 슬레이트 타일을 욕실 선반 재료로도 활용했다. 기존의 목재 계단은 사포질을 해 전통적인 덴마크 방식으로 마감했다. 나무 잿물로 표백한 후에 비누 조각과 점토 혼합물로 닦아 냈는데, 이 방법은 나무에 보호막을 씌운 것으로 부드럽고 매끄러운 마감이 가능하다.

아래: 주 욕실 바닥에는 흰색 타일을 깔았다. 아르네 야콥센의 검은색 〈개미 의자〉는 루이스의 부모님 집에서 가져왔다.

위: 부엌은 식사 공간을 포함하도록 확장했다. 포올 헨닝센의 펜던트 조명이 오크나무 합판으로 만든 소박한 식탁 위에 걸려 있다. 전경에 보이는 야콥센의 흰색 〈갈매기 의자〉는 이제 생산되지 않는다. 식탁 주위에 놓인 다른 의자들은 흰색 〈개미 의자〉다.

아래: 부엌 설비는 이케아 제품. 조리대는 단단한 오크나무로, 바닥은 검은색 슬레이트로 처리했다.

170쪽: 흰색과 검은색이 선명한 대조를 이룬다. 바닥은 전통적인 덴마크 마감 기법을 활용해 사포질한 후에 표백하고, 이후 비누와 진흙으로 닦아 냈다.

벼룩시장에서 건진 보물과 가보

부부가 가진 예산 대부분이 집을 짓는 데 들어갔기 때문에 가구에 돈을 지출하는 것은 우선순위가 아니었다. 하지만 대대로 가족들이 소유한 골동품을 북유럽 모던 클래식과 함께 배치함으로써 전통적이면서도 현대적인 분위기를 연출했다. 〈개미 의자〉를 비롯한 일부는 루이스의 부모님 집에서 가져왔다. 루이스의 어머니는 벼룩시장 애호가였다. 거실에 설치된 보너럽의 펜던트 조명이 벼룩시장에서 찾은 제품이다. 나중에 자동차 광택재를 사용해 빨간색으로 칠했다. 식탁 역시 1950년대에 제작된 단순하고 기능적인 덴마크 가구다. 식탁 위에 걸려 있는 포울 헨닝센의 〈콘트라스트 램프 Contrast Lamp〉는 루이스의 고모가 소유했던 제품인데 1958년 디자인으로 지금은 생산되지 않는다. 루이스의 어머니가 제공한 야콥센의 〈갈매기 의자 Seagull Chair〉도 마찬가지다. 디자인을 변경하자 성형 합판의 인장 강도를 견디지 못하고 부서지는 바람에 생산이 중단되었다. 〈갈매기 의자〉 두 개는 흰색 〈개미 의자〉와 함께 식탁 의자로 사용하고 있다.

아래: 정원에서 바라본 집의 모습. 외부 공간과의 연계성이 스팬 하우스의 특징이다.

스팬 하우스

런던 블랙히스의
찰스 맥케이스와
마들렌 아담스의 집

Span House

모던 디자인 건축가와 애호가 사이의 공공연한 비밀인 스팬 하우스는 1950-1960년대에 지어졌다. 성공적인 공동체를 건설하는 동시에 주택 수요를 충족시킬 수 있는 방법을 보여 주는 완벽한 사례로 영국에서 가장 존경받는 건축가 중 한 명인 에릭 라이언스Eric Lyons가 조경 건축가 아이버 커닝햄과 협력해 디자인했으며, 공동 정원 주위에 계획되었다. 자연과 소통하는 공동체를 건설하는 것이 스팬 하우스의 목표였다. 이것을 달성하기 위해 각 동이 상호 연계되도록 계획했다. 미국 건축가 발터 그로피우스Walter Gropius에게 영향을 받은 라이언스는 모더니스트였으며, 스팬 하우스의 간결하고 현대적인 양식은 당시로서는 급진적이라 여겨졌다. 1948년부터 1969년까지 런던과 런던 남동부 지역 주위에는 무려 2,100개의 스팬 하우스가 지어졌다.

명료함과 밝음

건축가인 찰스 맥케이스와 마들렌 아담스는 런던 블랙히스Blackheath의 스팬 하우스에서 12년간 거주했다. 그러나 사실 그들은 디자인업계에서 이 주택이 지닌 명

아래: 치과용 의자는 근처 고물상에서 가져왔다. 바닥은 원래의 쪽모이 세공을 유지했다.

173쪽: 아르네 야콥센의 〈달걀 의자〉와 르 코르뷔지에의 〈그랑 콩포르 소파Grand Confort Sofa〉 같은 고전 작품들이 보인다. 사이드보드는 마들렌의 할아버지에게 물려받은 제품이다.

175쪽: 스팬 하우스에 거주했던 한 가족이 지역 통신사 광고란을 통해 한스 웨그너가 디자인한 식탁과 의자를 판매했다. 이 가족은 1960년대에 이것들을 구입했다. 찰스 임스가 디자인한 에펠탑 모양의 다리를 지닌 크림색 의자와 〈팬톤 의자〉도 있다.

성을 알지 못한 상태에서 스팬 하우스를 임대했다. 그저 간결하고 밝은 공간과 평균 크기보다 작은데도 훨씬 넓게 느껴지는 테라스에 매료되었기 때문이다. 어린 딸의 반응도 한몫했다. 소녀는 집을 보자마자 기뻐하며 집 곳곳을 뛰어다녔다. 스팬 하우스가 매매용으로 시장에 나오는 경우는 극히 드물었지만 운 좋게도 몇 년 후에 그들은 이 집을 구매할 수 있었다. 부엌을 개조하고 수납장을 대신하던 벽을 철거하는 것 말고는 크게 손볼 곳이 없었다. 이 집에 사는 수년간 그들은 점차 스팬 하우스의 진가를 깨달았다. 공용 정원을 통해 이웃과의 소통이 강화될 수 있었던 것이다. 건축가인 에릭 라이언스는 혁신가이자 새로운 기술과 재료에 관심이 많았다. 그는 자신의 건축에 열정을 쏟았다. 1960년대에 지어진 스팬 하우스의 특징 가운데 하나는 온돌식 난방이지만 현재 대부분의 집에서 사용하지 않으면서 그다지 성공적이지 못한 것으로 판명 났다.

현대적인 주거 공간

스팬 하우스는 거주자에게 특정한 미학을 선사하지는 않는다. 하지만 실내 공간은 모더니즘 양식의 다양한 작품으로 채워져 있다. 그중 일부는 대대로 전해 내려오는 것이고, 다른 일부는 다양한 출처를 갖고 있다. 아르네 야콥센, 한스 웨그너, 찰스 임스와 레이 임스, 르 코르뷔지에의 작품들이 20세기 중반에 지어진 이 공간 속에 편안하게 놓여 있다.

아래: 넓은 정원과 수영장이 있는 이 집은 상을 받기도 했다.

복고풍 집

남아프리카공화국 요하네스버그의
헬렌 소모귀바리와 리처드 소모귀바리의 집

Retro Home

스웨덴 출신의 부부는 1990년대 말에 남아프리카로 이주하기로 결심했다. 디자이너인 헬렌이 말뫼Malmö에 위치한 그들의 아파트에서 짐을 싸는 동안 온라인 여행 사업을 운영하던 남편 리처드가 요하네스버그에서 살 집을 물색했다. 그가 처음 찾은 장소가 랜드버그 Randburg 북부 교외 지역에 위치한 1970년대식 집들이었다. 부부는 이곳의 집들이 지닌 독특한 양식과 넓은 방을 보고 첫눈에 반했다. 다른 집들도 살펴보기는 했지만 결국 이 집을 구매했다.

현대적인 양식

건축상을 수상한 경력이 있는 이 집은 모든 방에서 정원을 내다볼 수 있다. 덕분에 실내와 실외 공간이 자연스럽게 이어진다. 개조 작업도 거의 필요 없었다. 판으로 덮은 벽, 천장, 선반, 덧문 등 목재로 만든 실내 세부 장식들은 칠을 하지 않은, 원래 상태를 고수했다. 이는 부부가 소유한 스웨덴 모던 가구를 놓기 위한 완벽한

왼쪽: 식탁 의자는 아르네 야콥센이 디자인한 〈시리즈 7 의자〉다. 나무 천장과 판자는 페인트칠을 하지 않은 원래 상태를 유지했다.

아래: 마이야 이솔라가 디자인한 〈우니코〉 직물은 이 집에 사용된 화려한 색상 가운데 하나다.

복고풍 배경이 되었다. 유일하게 손을 본 곳은 부엌으로, 통합적이고 개방적인 평면을 조성하기 위해 거실과 부엌 사이에 있던 벽을 철거해 두 공간을 통합했다. 헬렌은 욕실 바닥에 깔려 있던 붉은색 타일의 출처를 파악해 테라스에도 활용했다.

믹스 앤 매치

부부는 스웨덴에서 구입한 현대적인 제품들로 보금자리를 장식했다. 이케아에서 구입했던 거실 소파를 비롯해 중고품 가게에서 산 다양한 제품으로 공간을 채웠는데, 그중에는 한때 헬렌이 일했던 가게에서 구입한 디자이너 제품도 있다. 아르네 야콥센의 흰색 〈시리즈 7 의자〉가 그렇다. 반면에 식탁은 남아프리카산이다. 그 위에 걸려 있는 르 클린트의 접는 갓은 1940년에 제작된 전형적인 북유럽 모던 제품이다.

위: 커다란 전망 창을 통해 자연광이 거실로 들어온다. 헬렌은 중고 가게에서 이 의자를 구입해 천을 다시 씌웠다.

179쪽: 거실에 놓인 이케아 소파 위에 스웨덴에서 구해 온 복고풍 직물로 만든 쿠션을 올려 두었다. 바닥에 깐 러그는 남아프리카에서 가져왔으며, 사이드보드는 1970년대에 제작되었다.

색상

강렬한 색상을 사용한 것이 이 집 인테리어의 특징이다. 집에 마련한 스튜디오에서 핸드백과 가정용 직물 제품을 디자인하는 헬렌은 열성적인 옷감 수집가이기도 하다. 집 전체에 사용한 과감한 색상은 나무 프레임의 벽과 대조를 이룬다. 부엌에 놓인 강렬한 색상의 유리 제품은 불투명 유리를 끼운 창문을 통해 빛을 받아 밝게 빛난다. 마리메코의 화려한 〈우니코〉 무늬를 침대보로 사용했다.

아래: 경사진 부지로 집이 자연스럽게 통합된다. 건물은 외부 테라스와 함께 주춧돌 위에 있다.

현대 명작
영국 하트퍼드셔의 포블 암과 버지트 암의 예전 집

Modern Masterpiece

영국 잉글랜드 남동부 하트퍼드셔Herfordshire에 위치한 이 현대적인 집은 요른 웃손과 그의 동료인 포블 암Povl Ahm의 협작이다. 포블은 웃손을 도와 시드니 오페라 하우스 개발에 참여했던 재능 있는 덴마크 기술자였다. 코벤트리Coventry 대성당 건설 시에 바질 스펜스Basil Spenser를 도왔으며, 성 캐서린 대학 설계 시에는 아르네 야콥센을 돕기도 했다. 포블 암은 런던에서 일하던 중 이 집이 위치한 경사진 부지를 먼저 구매했고 덴마크에 있던 웃손에게 집의 평면과 사진을 보냈다. 웃손은 바로 작업에 착수했다.

공간의 진보

이 집의 주요 특징은 공간의 진보감이다. 낮고 긴 현관은 입구 홀까지 이어진다. 넓은 계단은 주생활 공간으로 이어지며, 양쪽에 위치한 벽을 따라 식당과 부엌까지 연결된다. 시드니 오페라 하우스에 사용된 것과 비슷한 스웨덴 호가나스Hoganas 타일을 바닥 전체에 깔았다. 이는 테라스까지 확장되어 실내와 실외의 경계를 허문다. 온수를 이용한 온돌식 난방은 당시로서는 급진적인 시스템이었으며, 덕분에 자유롭게 흐르는 공간을 방해하는 라디에이터를 설치하지 않을 수 있었다.

시간이 지나도 변치 않는 디자인

이 집에 지속적인 현대성을 부여하는 것은 재료다. 타일을 깔고 유리를 많이 사용한 것 외에도 기둥은 노출 프리캐스트precast(콘크리트 블록이나 슬래브 등을 공장에서 미리 성형하는 것*) 콘크리트로, 벽과 난로는 연노란색의 런던 벽돌로, 문과 천장은 미송으로, 창문 문설주는 티크로 만들었다. 이 모든 재료는 내구성이 뛰어나고 유지 보수가 용이하다. 여기에 다양한 질감에서 오는 시각적인 즐거움뿐 아니라 구조물의 디자인과 기술이 노출되는 효과도 있다. 부부가 구입한 가구 역시 유행을 타지 않는다. 공간 전체에 아르네 야콥센의 작품을 비롯해 현대적인 덴마크 가구를 배치했다. 소품과 까다로운 취향에 신경 쓴 덕분에 현대성을 보여 주는 썰렁한 전시장이 아니라 따뜻하고 빛으로 가득 찬 주택이 되었다.

아래: 폭이 넓고 낮은 계단을 통해 거실에서 식당 공간으로 이어지는 통로 모습. 사각형의 출입구를 통해 집의 중심에 위치한 부엌으로 갈 수 있다.

왼쪽: 주택의 경사진 지붕은 구리로 덮었다. 넓은 유리창은 따뜻한 남향 빛을 거실로 끌어들인다.

아래: 모든 침실은 부엌 뒤편에 위치한다.

182-183쪽: 아르네 야콥센의 〈백조 의자〉와 〈달걀 의자〉를 부드럽게 매만진 가죽으로 씌웠다. 이외에도 다양한 덴마크 모던 제품이 보인다.

184쪽: 주생활 공간과 부엌으로 이어지는 통로에서 바라본 모습.

북유럽 모던 디자인 매장 소개 (해외&국내)

해외 매장 정보

덴스크 Dansk

우편물 주소: 2006, 브리스톨, 펜실베이니아 19007-0806, 미국
전화번호: +1(미국 국가번호) 800 326 7528
홈페이지: www.dansk.com

* 북유럽 모던 제품들을 미국 시장에 소개한 것으로 유명하다. 가구부터 생활용품까지 판매한다.

루이스 폴센 Louis Poulsen

주소: Gammel Strand 28, DK-1202, 코펜하겐, 덴마크
전화번호: +45(덴마크 국가번호) 70 33 14 14
홈페이지: www.louispoulsen.com

* 포올 헨닝센, 아르네 야콥센, 베르너 팬톤 등이 디자인한 조명 제품 등을 만날 수 있다.

르 클린트 Le klint

주소: Store Kirkestraede 1, DK-1073, 코펜하겐 K, 덴마크
전화번호: +45 33 11 66 63
홈페이지: www.leklint.dk

* 카레 클린트와 페터 흐비트가 디자인한 조명 제품 등을 판매한다.

마리메코 Marimekko

홈페이지: www.marimekko.com

* 마이야 이솔라가 디자인한 오리지널 직물 말고도 최근 작품들도 많다. 세계 곳곳에 여러 매장 및 편집 샵이 있어 편리하게 이용할 수 있다. 의류 및 생활 소품 등의 다채로운 상품이 있다.

볼라 Vola

주소: Lunavej 2, DK-8700 호센스 Horsens, 덴마크
전화번호: +45 70 23 55 00
홈페이지: www.vola.dk

* 아르네 야콥센이 1969년에 디자인한 유명한 수도꼭지를 판매하는 곳으로, 주로 욕실 용품과 건축 자재 등을 취급한다.

아르텍 Artek

주소: Etelesplanadi 18, 00130 헬싱키, 핀란드
전화번호: +358(핀란드 국가번호) 961 32 52 77
홈페이지: www.artek.fi

* 알바 알토가 세운 기업으로 영국 및 전 세계에 지점을 갖고 있다.

아스푸룬드 Asplund

주소: Sibyllegatan 31, 11442 스톡홀름, 스웨덴
전화번호: +46(스웨덴 국가번호) 8 662 52 84
홈페이지: www.asplund.org

* 북유럽 디자이너들이 만든 가구를 비롯하여 러그 등의 제품들도 판매한다.

칼 한센&선 Carl Hansen&Son

주소: Holmevaenget 8, DK-5560 아룹 Aarup, 덴마크
전화번호: +45 66 12 14 04
홈페이지: www.carlhansen.dk

* 한스 웨그너의 작품들을 생산하는 곳이다.

프리츠 한센 Fritz Hansen

주소: Allerødvej 8, 3450, 알러뢰드 Allerød, 덴마크
전화번호: +45 48 17 23 00
홈페이지: www.fritzhansen.com

* 아르네 야콥센과 폴 캐야홀름이 만든 가구들을 팔고 있으며, 영국 등에도 매장이 있다.

국내 매장 정보

다스하우스 Das:Haus

홈페이지: www.dashaus.kr
취급 브랜드: 한스 웨그너 외

* 2006년 오픈한 빈티지 전문 온라인 숍 키스마이하우스(kiss my haus)의 대표가 사업을 확장해 북유럽 빈티지 가구까지 론칭했다. 온라인을 통해 만날 수 있는데, 물품은 많지 않지만 희귀한 가구들을 판매한다. 꼼꼼한 컬렉팅을 통한 최우수 품질을 자부한다.

덴스크 Dansk

주소: 〈역삼동 본점〉 서울시 강남구 테헤란로 39길 77 / 〈성북동점〉 서울시 성북구 성북로 189 / 〈현대백화점 판교점〉 성남시 분당구 판교역로146번길 20 현대백화점 8층
전화번호: 〈역삼동·성북동점〉 02-592-6058/ 〈현대백화점 판교점〉 031-5170-2890
홈페이지: www.dansk.co.kr
영업시간: 〈역삼동·성북동점〉 오전 11시부터 오후 7시까지 / 〈현대백화점 판교점〉 오전 10시 30분부터 오후 8시까지(백화점 영업시간과 동일)
취급 브랜드: 칼 한센&선 외

* 1950년대에 제작되었던 스칸디나비아 모던 오리지널 빈티지 가구만이 아니라 현재 북유럽에서 활발한 활동을 펼치고 있는 신진 디자이너들과 장인들의 작품을 다수 소개하고 있다. 생활 브랜드로서 다양한 상품을 구비하고 있다는 것이 최대 장점이다.

두오모앤코 Duomo&Co

주소: 서울시 강남구 논현로 735
전화번호: 02-516-3022
홈페이지: www.duomokorea.com
영업시간: 오전 8시부터 오후 8시까지
취급 브랜드: 놀 등

* 유럽 작가들을 중심으로 하여 가구, 조명, 바닥재 등의 인테리어 소품 및 자재 일체를 수입·판매하는 곳이다. 유럽 전역에서 활동 중인 현대 작가들의 작품을 다양하게 만날 수 있다.

루밍 rooming

주소: 서울시 서초구 서래로 6
전화번호: 02-599-0803
홈페이지: www.rooming.co.kr
영업시간: 오전 10시 30분부터 오후 7시까지
취급 브랜드: 프리츠 한센 외

* 해외 유명 디자이너들의 가구, 조명, 소품 등을 판매하는 디자인 셀렉트 숍이다. '루밍(room+ing)'은 침실, 거실, 주방, 욕실, 드레스룸 등 각각의 룸이 계속 변화하고 바뀔 수 있음을 의미하는데, 아이 용품을 두루 갖추고 있어 주부들에게 인기가 높다.

마리메코 Marimekko
– 판교 아브뉴프랑점

주소: 경기도 성남시 분당구 분당내곡로 150 판교 호반 써밋 플레이스
전화번호: 031-8016-5989
홈페이지: http://www.marimekko.kr
영업시간: 오전 10시부터 오후 10시까지

모벨랩 Mobel Lab

주소: 서울시 성북구 선잠로 49
전화번호: 02-3676-1000
홈페이지: www.mobellab.com
영업시간: 오전 11시부터 오후 6시까지
취급 브랜드: 아르네 야콥센 외

* 주로 제2차 세계대전 이후에 만들어진 북유럽 오리지널 빈티지 가구들을 취급하지만 유명 작가가 아니더라도 우수한 품질을 갖춘 뛰어난 물품들을 마련해 놓고 있다. 편리함과 실용성을 최우선 가치로 하는 매장답게 클래식한 디자인을 여럿 갖추고 있다.

몰테니앤씨 MOLTENI&C

주소: 서울시 강남구 논현로 713
전화번호: 02-543-5093
홈페이지: www.molteni.it
영업시간: 오전 10시부터 오후 7시까지
취급 브랜드: 루이스 폴센 외

* 이탈리아 명품 주거용 가구 브랜드로 2007년부터 넥서스가 한국 유통을 전담하고 있다. 다양한 쇼룸을 갖춘 것으로 유명하며, 북유럽 최대의 조명 회사 루이스 폴센을 비롯하여 포울 헨닝센 등의 국내에서도 인기 높은 북유럽 모던 거장들의 작품들을 만날 수 있는 곳이다.

보에 BOE

주소: 서울시 강남구 선릉로145길 18
전화번호: 02-517-6326
홈페이지: www.bo-e.co.kr
영업시간: 오전 10시부터 오후 7시까지
취급 브랜드: 프리츠 한센 외

* 디자이너 가구 브랜드, 홈·리빙 액세서리, 아직 발굴되지 않은(혹은 지명도가 낮은) 작가의 작품이라는 세 가지 컬렉션을 확실히 구별해 차별화를 둠으로써 소비자들에게 다양한 선택을 제공한다. 2개 동을 갖춘 제법 규모 있는 쇼룸을 갖고 있다.

에이후스 a.hus

주소: 서울시 용산구 서빙고로 413
전화번호: 02-3785-0860
홈페이지: www.a-hus.net
영업시간: 오전 10시부터 오후 7시까지
취급 브랜드: 아르텍 외

* 덴마크어로 '집'이라는 뜻을 지닌 hus(후스)와 최고를 뜻하는 A(에이)를 더해 브랜드 명을 만들었다. 실용적인 아름다움을 추구하는 디자이너 컬렉션 숍을 지향하기에 세계적으로 명성을 떨치고 있는 디자이너들의 컬렉션을 만날 수 있다.

이노메싸 innometsa

주소: 서울시 서초구 양재천로 127
전화번호: 02-3463-7752
홈페이지: www.innometsa.com
영업시간: 오전 10시 30분부터 오후 7시까지
취급 브랜드: 헤이 외

* 북유럽 모던 디자인이 첫 전성기를 맞았던 1950-1960년대와 제2의 전성기를 맞은 최근의 북유럽 출신 디자이너들의 독창적인 작품과 제품을 소개하고 있다. '이노(innovation)'와 '메싸(metsa, 핀란드어로 숲)'라는 이름 그대로 브랜드뿐 아니라 쉽게 접할 수 없었던 개성 넘치는 신진 디자이너들의 작품도 기획·전시한다.

이탈라 iittala

전화번호: 02-749-2002(한국로얄코펜하겐)
홈페이지: www.iittala.com

* 이탈라는 핀란드의 주방용품 전문 업체로 알바 알토, 타피오 빌칼라 등의 유명 디자이너들이 소속 디자이너로 일했다. 실용과 상상력을 결집시킨 독특한 디자인으로 인기가 높다. 국내에서는 신세계백화점 등의 백화점을 중심으로, 생활용품 코너에서 만날 수 있다.

찾아보기

ㄱ
가벽/ 158, 160
갈매기 의자/ 169, 171
개미 의자/ 18, 29, 66, 68, 70-71, 75, 100, 169, 171
공작 의자/ 29, 118, 120
구스타브스베리/ 20, 88, 147
그랑프리 의자/ 141, 163

ㄴ
낙수장/ 29
난나 딛젤/ 50-51
노르디스카 콤파니에트/ 89, 112
놀 소파/ 94-95
뉴욕 세계박람회/ 15, 20, 23, 40, 92, 98, 112
뉴욕 현대미술관/ 28, 61, 85
닐스 구스타프 할/ 23, 36, 41

ㄷ
단열 유리/ 132, 153
달걀 의자/ 7, 19, 30, 67, 69, 72-73, 173, 182-183
덴스크/ 105-107, 147

ㄹ
라운드 의자/ 29-30, 118, 122
래커/ 15, 42, 75, 102, 116
러그/ 15, 25, 139, 144, 159, 179
레이 임스/ 29, 61, 82, 108, 164
로젠달/ 48-49, 125
로프트/ 130
루이스 폴센/ 56-59, 75-76, 100-101
룬닝상/ 82, 105, 118, 124
르 코르뷔지에/ 15, 26, 32, 66, 84, 86, 140-141, 173-174

ㅁ
마르셀 브로이어/ 32, 92, 140
마이레 굴릭센/ 23, 36
마이야 이솔라/ 25, 62-65, 145, 177
무라트살로 실험 주택/ 25, 38, 40
문케가르드 스쿨/ 67, 73
미스 반 데어 로에/ 32, 45, 66, 82, 85, 140

ㅂ
바우하우스/ 11, 15, 17, 39, 141
발터 그로피우스/ 172
백조 의자/ 30, 67, 69, 182-183
버블 의자/ 46-47
베니어판/ 30, 44, 70, 169
베르너 팬톤/ 75, 100-102, 175
벨라 비스타 아파트/ 66
벨뷰 극장/ 66
벽난로/ 31, 78, 80
복고풍 집/ 176-179
볼라/ 68, 76
볼 의자/ 46-47
뵈르게 모겐센/ 17, 94-95, 164-166
부오코 에스콜린/ 25, 96, 145
브루노 맛손/ 92-93
브뤼셀 세계박람회/ 62, 145

비올라 그로스텐/ 164-165
비푸리 도서관/ 40, 44
빌라 마이레아/ 9-13, 23-25, 40
빌트인/ 10, 15, 130, 141-142
빌헬름 코게/ 20-21, 54, 88

ㅅ
사이드보드/ 173, 179
샬로트 페리앙/ 84, 140-141
시구르드 페르손/ 103
서명된 직물/ 112, 166
성 캐서린 대학/ 18, 60, 68, 180
스벤 마르켈리우스/ 15, 20-21, 39, 112
스벤 팔름크비스트/ 98-99, 147
스웨덴 아파트/ 164-167
스테인리스강/ 52, 59-60, 77, 81, 84-85, 101, 103, 105, 143, 147, 153
스톡홀름 전시회/ 14, 20, 92
스티그 린드버그/ 88-89, 112, 147
스팬 하우스/ 172-175
시구르드 페르손/ 103
시리즈 7 의자/ 67, 75, 140, 167, 177

ㅇ
아라비아/ 25, 54-55, 96
아르네 야콥센/ 7, 18, 30, 35, 60, 66-77, 100, 118, 130, 136, 139-141, 145, 148, 162-163, 169-170, 173-174, 177, 180-181, 185
아르텍/ 8-9, 23, 36, 40-45, 49, 51, 54, 96
아스트리드 삼페/ 88-89, 112-113, 165
아이노 알토/ 23, 36-43, 147
안티 누르메스니에미/ 96-97
알바 알토/ 8, 15, 22-23, 31, 36-45, 66, 92, 141, 147
에드거 카우프만 주니어/ 28-29, 92
에로 사리넨/ 29, 108-111, 164

에릭 군나르 아스푸룬드/ 14, 20, 39, 78, 116
에바 의자/ 92-93
엘리엘 사리넨/ 29, 108
여름 별장/ 158-163
옌스 크비스트고르/ 104-107, 147, 165
오르후스 시청사/ 18, 118
오를라 묄가르드-닐센/ 61
오베 방/ 26
오페라 하우스/ 82, 108, 116, 180
옵아트/ 25, 67, 100
요른 웃손/ 82, 108, 116, 141, 180
우니코/ 62-63, 145, 177-178
웨이브 뷰/ 36, 147
위르여 쿠카푸로/ 86-87
윈저 의자/ 29-32, 94-95, 120
윙 의자/ 72, 79, 120
이에로 아르니오/ 46-47
이케아/ 33, 142, 168, 177-179
이탈라/ 36, 43, 54-55, 114-115, 124, 147

ㅈ
자궁 의자/ 110
전망 창/ 135, 158-159, 178
전원주택/ 152-157
죠지 젠슨/ 48, 50, 52, 77-78, 105, 147
쪽모이 세공/ 166-169, 174

ㅊ
찰스 임스/ 61, 82, 108, 164, 174

ㅋ
카르훌라/ 36, 43
카이 보예센/ 17, 48-49, 78
카이 프랑크/ 54-55
칸막이벽/ 130-132, 135
코로나 의자/ 117
코르틴 강/ 152
콘 의자/ 100-101
콩고 얼음 통/ 106
쾰른 가구박람회/ 47, 100, 102
크누드 홀셔/ 60
크랜브룩 예술 아카데미/ 29, 108
크리티컬 리뷰/ 56

ㅌ
타운하우스/ 168-171
타피오 빌칼라/ 25, 124-125, 147
테디베어 의자/ 118, 120
트리엔날레/ 25, 48, 50, 54, 78, 88, 90, 96, 98, 112, 114, 124
티모 사르파네바/ 23, 114-115
티아스 엑크홉/ 26, 52-53

ㅍ
파리 세계박람회/ 43, 45, 98
파이미오 결핵 요양원/ 23, 40, 45
파이미오 의자/ 23, 40, 45
팬톤 의자/ 100, 102, 175
페르 루트켄/ 90-91, 146
페터 흐비트/ 50, 61, 163
포올 헨닝센/ 17, 56-59, 66, 76, 100, 136, 168, 171
포트넘 앤 메이슨/ 23, 40, 42
포텐 소파/ 80
폴 볼테르/ 117
폴 캐야홀름/ 82-85, 126
프랭크 로이드 라이트/ 29, 40
프리츠 한센/ 17, 61, 69-72, 75, 82, 84-85, 95, 100, 116, 118, 141, 163
플로팅 독/ 116, 141
핀란디아 홀/ 40

핀 율/ 17-18, 29, 31, 48, 61, 78-81, 117, 120, 164

ㅎ
한스 웨그너/ 17, 29-30, 82, 117, 123, 153, 155, 164, 174
해비타트/ 30, 32
헨닝 코펠/ 147
현대 명작/ 180-185
황소 의자/ 118, 123

기타
2001 스페이스 오디세이/ 18, 77
D라인 건축 자재/ 60
L자형 다리/ 41-42
SAS 공항 터미널/ 18-19
SAS 로열 호텔/ 18-19, 67-69, 72-73, 76-78, 103
Y 의자/ 118, 121, 153

사진 저작권

2–3쪽: © Tim Crocker www.timcrocker.co.uk; 5쪽: Ditte Isager www.ditteisager.dk; 6쪽: Jan Baldwin/Narratives; 8쪽: www.artek.fi; 9–13쪽: Åke E:son Lindman; 14쪽: C.G. Rosenberg,1930/Artitekturmuseet, Stockholm; 15쪽: Nyholm, 1939/Artitekturmuseet, Stockholm; 16–18쪽: Åke E:son Lindman; 19쪽 상단: Jørgen Strüwing, 하단: *Radisson* Radisson SAS Royal Hotel; 20쪽: Bo Törngren/Artitekturmuseet, Stockholm; 21쪽: Wilhelm Kåge/Praktika/© The National Museum of Fine Arts; 22쪽: Eino Mäkinen, Alvar Aalto Museum; 23쪽: Paul Ryan/Timo Sarpaneva; 24쪽: Åke E:son Lindman; 25쪽: Lars Hallen; 26쪽: Villa Stenersen, Arne Korsmo. Photo: Magnus Aspelin; 27쪽: Villa Stenersen, Arne Korsmo. Photo: Jiri Havran; 28쪽: Robert P. Ruschak, Courtesy Western Pennsylvania Conservancy; 30쪽: Bettman/Corbis; 31쪽 왼쪽: Image courtesy of The Advertising Archives, 오른쪽: www.kohlerinteriors.com; 32쪽: Image courtesy of The Advertising Archives; 33쪽: Inter IKEA Systems B.V. 2007; 34쪽: www.artek.fi; 35쪽: Lars Hallen; 36–37쪽: Maija Holma, Alvar Aalto Museum; 38쪽: Lars Hallen; 40쪽: Maija Holma, Alvar Aalto Museum; 41쪽: Per Ranung/Linnea Press, Styling: Anna Ranung; 42쪽: www.artek.fi; 43쪽 상단: www.artek.fi, 하단: Martti Kapanen, Alvar Aalto Museum; 44쪽 상단: Martti Kapanen, Alvar Aalto Museum, 하단: Paul Ryan/Kirsti Paakonen; 45쪽: www.artek.fi; 46쪽: Marianna Wahlsten; 47쪽: Eero Aarnio Archives; 48–49쪽: www.rosendahl.com; 50쪽: Lars Hallen; 51쪽 상단: Keld Helmer Petersen,1957 www.nanna-ditzel-design.dk; 하단: www.artek.fi; 52쪽: www.gense.se; 53쪽: www.porsgrund.com; 54–55쪽: www.iittala.com; 57쪽: Jesper Ray/ House of Pictures; 58–59쪽: www.louispoulsen.com; 60쪽: www.dline.com; 61쪽: © Fritz Hansen/Struwing; 62쪽: Kennet Havgaard/House of Pictures; 63–65쪽: © 2008 Marimekko Corporation. All rights reserved; 66쪽: The Danish National Art Library, The Architectural Drawings Collection; 67–68쪽: Lars Hallen; 69쪽: © Fritz Hansen; 70–71쪽: © Fritz Hansen/Ditte Isager; 72쪽: Egg Boontje © Fritz Hansen 2006/Egon Gade; 73쪽: Kim Ahm/House of Pictures; 74쪽: © Tim Crocker www.timcrocker.co.uk/Design: Julian Cowie Architects; 75쪽 상단: © Fritz Hansen 2006/Sven Bruun; 하단: www.mobach-groothandel.nl; 76쪽 상단 왼쪽&오른쪽: www.louispoulsen.com; 하단: www.vola.co.uk; 77쪽 상단: www.georgjensen.com; 하단: www.stelton.com; 78–81쪽: Onecollection A/S www.onecollection.com; 82쪽: © Fritz Hansen/Egon Gade; 83쪽: Ditte Isager www.ditteisager.dk; 84쪽: © Fritz Hansen/Ditte Isager; 85쪽: © Fritz Hansen/Egon Gade; 87쪽: www.avarte.fi; 88쪽: www.ahg.se; 89쪽: www.designhousestockholm.com; 90–91쪽: www.holmegaard.com; 92쪽 상단: Tim Street-Porter, 하단&93쪽: www.bruno-mathsson-int.se; 94–95쪽: www.fredericia.com; 96쪽: Lars Rebers/Design Museum, Finland; 97쪽: Rauno Traskelin/Design Museum, Finland; 98쪽: Per Larsson/Orrefors Archive/ www.orrefors.se; 99쪽: Orrefors Archive/www.orrefors.se; 100쪽: Jan Baldwin/Narratives; 101쪽 상단: Hans Hansen, © Vitra, 하단: www.louispoulsen.com; 102쪽 상단: Jiri Havran/ House of Pictures,하단: Hans Hansen, © Vitra; 103쪽: www.sigurdpersson.se; 105쪽: Beth Evans; 106쪽: www.modernshows.com; 107쪽: Katharine Lazenby; 109–111쪽: Images courtesy of Knoll Inc. www.knoll.com; 113쪽: Astrid Sampe, Lazy Lines/© The National Museum of Fine Arts; 114–115쪽: www.iittala.com; 116쪽: Jørn Utzon for Lightyears/ www.informfurniture.co.uk; 117쪽: www.erik-joergensen.com; 119쪽: Søren Larsen/ www.carlhansen.dk; 120쪽 왼쪽: PP Møbler – pp550, Peacock chair. Credit: PP Møbler www.pp.dk, 오른쪽: PP Møbler – pp19,Teddy Bear chair. Credit: PP Møbler www.pp.dk; 121쪽 상단: Jan Baldwin/Narratives, 하단: Søren Larsen/www.carlhansen.dk; 122쪽 상단: Paul Ryan, 하단: PP Møbler – pp501/503, The Chair. Credit: PP Møbler www.pp.dk; 123쪽 상단: Kennet Havgaard/House of Pictures, 하단: PP Møbler – pp589. Bar Bench. Credit: PP Møbler www.pp.dk; 124쪽: www.iittala.com; 125쪽: Beth Evans; 126쪽: Ditte Isager www.ditteisager.dk; 127쪽: Jan Baldwin/Narratives; 128–129쪽: Grazia Ike Branco/Interior Designer: Nilla; 130쪽: Per Ranung/Linnea Press, Styling: Anna Ranung; 131쪽: Tia Borgsmidt/Linnea Press, Styling: Sidsel Zachariasen; 132쪽: Lars Hallen; 133쪽: James Silverman; 134쪽: Paul Ryan/ Ole Rex Architects; 135쪽: Paul Ryan; 136–137쪽: Åke E:son Lindman; 138쪽: Grazia Ike Branco/Interior Designers: David and Madeleine Carlson; 139: Paul Ryan/Corinne Calesso; 140쪽: Birgitte Wolfgang Drejer/House of Pictures; 141쪽: Kim Ahm/House of Pictures; 142쪽: Paul Ryan/Michael Asplund; 143쪽: Paul Ryan/Kastrup & Sjunnesson Architects; 144: Paul Ryan/Gunnel Sahlin; 145쪽: Helén Pe/ House of Pictures; 146쪽: Beth Evans; 147쪽: Kennet Havgaard/House of Pictures; 148: Beth Evans; 149쪽: Jan Baldwin/Narratives; 150–151쪽: Paul Ryan; 152–157쪽: Gaelle Le Boulicaut/Messana O'Rorke Architects, New York/Stylist: Jeremy Callaghan; 158–163쪽: Linnea Press/Lars Ranek; 164–167쪽: Patric Johansson/House of Pictures; 168–171쪽: Andreas von Einsiedel; 172–175쪽: © Tim Crocker www.timcrocker.co.uk; 176–179쪽: Jan Baldwin/ Narratives; 180–185쪽: © Tim Crocker www.timcrocker.co.uk; 면지: 'Trapez' textile by Arne Jacobsen/Photo: © Casper Sejersen Courtesy of **kvadrat** www.kvadrat.dk

감사의 말

무엇보다 이 책을 출판해 준 Quadrille의 노고와 열의, 그리고 나에게 보내 준 지지에 감사한다.
그들 모두 각자의 자리에서 최선을 다했다. 우리는 정말로 훌륭한 팀이었다.

북유럽 모던 인테리어

2016년 5월 23일 초판 1쇄 인쇄
2016년 5월 30일 초판 1쇄 발행

지은이 | 엘리자베스 윌하이드
옮긴이 | 이지민
발행인 | 이원주
책임편집 | 이경주
책임마케팅 | 이지희

발행처   (주)시공사
출판등록   1989년 5월 10일(제3-248호)

주소 | 서울시 서초구 사임당로 82(우편번호 06641)
전화 | 편집(02)2046-2844 · 마케팅(02)2046-2800
팩스 | 편집(02)585-1755 · 마케팅(02)588-0835
홈페이지 www.sigongart.com

ISBN 978-89-527-7608-2   13590

본서의 내용을 무단 복제하는 것은 저작권법에 의해 금지되어 있습니다.
파본이나 잘못된 책은 구입하신 서점에서 교환해 드립니다.